SHODENSHA
SHINSHO

仮想通貨で銀行が消える日

真壁昭夫

祥伝社新書

まえがき

２０２X年XX月XX日

ある銀行の支店の送別会が催《もよお》されていた。送り出されるのは、この銀行に30年以上勤務し、今日、定年退職を迎えた○○さんだ。

支店勤務の５名の職員が、それぞれ送別の言葉を贈り、酒を酌《く》み交《か》わし食事を終えた後、○○さんに餞別《せんべつ》が手渡された。

その餞別はなんと仮想通貨で、○○さんのインターネット上の口座に振り込まれた。そのため、餞別は、ただの振り込みの事実を表わす通知が書き込まれた紙切れ一枚だった。

それを見た○○さんは、感慨深くため息をついた。

そして、「昔はよかった。仮想通貨などなかったころはお餞別に普通のお札を包んだものだった。ところが今は、取り扱いの安全な仮想通貨になってしまった」と呟《つぶや》いた。

確かにその通りかもしれない。○○さんの銀行勤務が始まったころ、仮想通貨などというモノはほとんど普及していなかった。しかし、時代が進むにつれ、インターネット世代の若い人たちを中心に、仮想通貨がものすごい勢いで広まった。

仮想通貨の普及に最初は及び腰だった銀行も、ビジネスチャンスを求めて、仮想通貨の取り扱いに積極参入せざるをえなくなった。それに伴《ともな》い、世の中で流通する〝お金〟の様相も大きく変化した。

と同時に、銀行の業務にも大きな変化が現われた。昔、銀行は預金を集めて、それを企業などに貸し付けて収益を上げることができたのだが、最近ではさまざまな企業が、主に仮想通貨を使っていろいろな業務を行なうようになったため、銀行が銀行である必要がなくなってしまった。

本書では、仮想通貨によって起きるであろう近未来の社会の激変を思い描いてみた。おそらく、多くの読者は「そんなことは起きない」と思うだろう。しかし、今後の展開次第では、仮想通貨の持つ威力はかなり大きくなることも考えられる。ひょっとしたら、前述の、マンガのような出来事が起きるかもしれない。それほど、仮想通貨は重大な実力を秘めていると考えたほうがいいだろう。

読者の皆さんには、ぜひ、すぐそこに来ている近未来の状況を想像しながら本書を読んでいただきたい。

本書の編集に関しては、祥伝社の水無瀬氏に一方ならぬご尽力をいただいた。同氏の御尽力がなければ本書を上梓することは叶わなかったことだろう。ここに、水無瀬氏に対する謝辞を表したい。

2017年2月

真壁昭夫《まかべあきお》

まえがき

目次

第二章　仮想通貨と私たちの生活

第一章

そもそも〝仮想通貨〟って何だ?

1・1：仮想通貨の定義

仮想通貨とは〝バーチャル〟なお金

最近、仮想通貨という言葉をよく耳にするようになった。

仮想現実＝バーチャルリアリティなど、情報技術を駆使することで、現実ではないがそれと同等の環境だとの感覚を私たちに与える技術開発が進んでいる。そのため、「仮想通貨というからには、円やユーロなど、一般的に流通している〝お金〟と同じものだろう」と思われる方も多いかもしれない。しかし、根本的に、円と仮想通貨は異なるものだ。

まず、仮想通貨とは何か。その大まかなイメージをつかんでおこう。

仮想とは、実際には存在していないが、〝仮に〟それがあるものとして認識することを意味する。この意味を踏まえると、仮想通貨は、本当は存在しないお金だが、私たちがそこに一般的なお金（通貨、貨幣、紙幣）と同じような機能が備わっていると認知する〝バーチャルな通貨〟と定義できる。

仮想通貨という呼び方以外にも、暗号通貨、デジタル通貨などさまざまな呼び方がある。どれだけの仮想通貨が存在するかははっきりしていないが、６００とも７００とも言われている。大手金融機関が独自の仮想通貨を作る計画もあり、今後も仮想通貨の数は増えるだろう。

バーチャルなお金をわかりやすく言えば、テレビゲームで獲得するコインをイメージするといいだろう。ロールプレイングゲームなどで敵を倒すと、コインがもらえる。そのコインを集めると、主人公のパワーがアップしたり、いろいろな武器を買うことができる。言うまでもなく、このコインはゲーム空間の中でのみ通用する。

仮想通貨も、インターネット空間で取引が進んできた。インターネット上にある取引所で仮想通貨を手に入れ、ユーザー同士がモノなどを交換する際に使われてきた。こうした展開をもとに、欧州中央銀行（ＥＣＢ）は、インターネット技術の浸透とともに、オンラインのネットワーク上で一部の人々がモノやサービスを交換する手段が仮想通貨だと定義している。そして、徐々に、インターネットの世界から実社会に、仮想通貨が通用する場は増えている。仮想通貨をドルや円などのお金と交換することも可能なのだ。

仮想通貨は、普通の通貨＝法定通貨ではない

では、仮想通貨は私たちが日常的に使う円とはどう違うのか。

まず、円やドル、ユーロなどは政府（中央銀行）によって価値が認められた〝法定通貨〟（法貨）だ。言うまでもないが、法定通貨は国家の管理下にある。納税を行なうためには法定通貨が使われる。そして、法定通貨には〝強制通用力〟がある。これは、お金の額面の金額で、債務の弁済や支払いを完了することができる効力だ。わが国の日本銀行法では、日銀が発行する銀行券（日本銀行券）は法貨として無制限に通用することが定められている。ご存じのように、その単位は円だ。

仮想通貨は法定通貨ではない。仮想通貨は国家が発行した通貨ではない。強制通用力も持たない。仮想通貨は、政府ではなく、個人や企業によって生み出される。そして、ブロックチェーンなど仮想通貨を生み出す仕組みが、仮想通貨の信用や価値を支

えている。政府・日銀の信用力が円の価値を支えていることとは大きな違いがある。そして、その通貨を用いて利益を得ようとする人が増えることで、仮想通貨の価値が変動するようになる。このようにして普及が進むと、仮想通貨を用いた交換も成立するようになるわけだ。

法律で定められた通貨ではないため、通貨の単位もさまざまだ。それでも、ビットコインなどの仮想通貨での販売を行なうお店、オンラインの音楽配信サービスなどは増えている。こうした事実を踏まえると、仮想通貨は徐々に〝お金〟としての市民権を得つつあると言えるだろう。

お金の価値の安定

では、市民権を得てきた仮想通貨は、円やドルに代わる存在になるだろうか。そこには、まだ問題がある。仮想通貨の価値が社会全体に認知されたわけではないからだ。たとえば、１０００円で何を買うことができるか、私たちはすぐにイメージができる。しかし、仮想通貨が１０００通貨単位あったとしても、そこにどれだけの価値があるか、すぐにはわからない。

このように、通貨の信用が社会全体に浸透していないことが、仮想通貨の課題なのである。言い換《か》えると、仮想通貨の価値は不安定だ。そして、通貨（紙幣、貨幣）価値が社会全体に浸透していると便利なことが多い。それを考えるには、通貨の3つの機能を考えるとよい。

まず、お金には〝決済や支払い手段〟としての機能がある。モノやサービス、そして、債務の支払いなどにはお金が使われる。たとえば、家電量販店で1万円の品物を買う際、お店の人に1万円札を渡せば、その品物を手に入れることができる。住宅ローンの支払いなど、債務の決済にもお金が使われる。そして私たちが国に納める税金の支払いも、モノではなくお金を支払うことで成立している。この背景に強制通用力があることは言うまでもない。

次に〝価値の尺度〟としての機能がある。お金が存在しない時代、人々は物々交換で交易を行ない、モノを手に入れていた。この場合、たとえば魚1匹の価値はリンゴ何個分に相当するかは、魚を持っている人とリンゴを持っている人の主観に左右される。ある時は、リンゴ1個で交換ができるかもしれないし、リンゴが3個必要な時もあるかもしれない。それに比べ、お金の価値＝金額でモノやサービスの価値が表示されていると便利だ。魚やリンゴ、異なる品物の価値をお金という一つの尺度で評価し、計算することができる。

最後が、〝価値を保存する〟機能だ。古代の中国では、貝殻がお金として使われていた。貝殻は風雨にさらされると劣化してしまう。もし、劣化が進み、物質として存在しなくなると価値は消えてしまう。しかし、金や銀などで鋳造された貨幣は劣化しづらく、持ち運びもできる。そして、お給料として受け取ったお金の一部を貯金すれば、お金の価値を将来のためにためておくことができる。これが、価値の保存だ。

いずれの機能にとっても、お金の価値が安定していなければならない。今、ポケットの中に1000円あるとする。コンビニエンスストアに行けば1000円分の品物を買うことができる。次の日、いきなりモノの価値が倍になったとしよう。この時、お金の価値は半分になってしまう。1000円で500円分の価値の買い物しかできなくなる。これがインフレだ。モノに対するお金の価値が不安定な場合、お金の信用は低下する。一例が新興国の通貨だ。新興国に行くと、その国の通貨だけではなく、米ドルでも食事や買い物ができることがある。これは、相対的に米ドルの価値への信用が、世界的に高いことを示している。

一方、仮想通貨はバーチャル空間を中心に、その価値を認める一部の人々には通用する。普及してきたとはいえ、円やドルなどの通貨（主要先進国の通貨）のように、大多数の人が一定の価値を認めているわけではない。まだ、仮想通貨が円やドルの法定通貨と同等の機能を備えているとは言えないだろう。

現実に即した仮想通貨の定義

このように考えると、仮想通貨は、〝強制通用力を持たず、価値の不安定さがあるものの、一定の汎用《はんよう》性と、流通性を備え、人々の取引・保有動機に支えられた発展性を持つ、新しいタイプの通貨〟と定義するのが現実的だろう。

強制通用力がない仮想通貨には、円と同じ価値の安定性はない。それでも、仮想通貨は一定の汎用性を備えている。たとえば、地域振興券という一種の商品券がある。

これは特定の地域、商店街の振興のために作られたものであり、お金のような役割は果たすが、汎用性は低い。

そして、仮想通貨は相手が受け入れを拒《こば》まない限り、価値の尺度、支払いの手段になる。後述の電子マネーと異なり、人から人へ流通させることもできる。この点で、仮想通貨は汎用性と流通性を備えている。そして、仮想通貨は投資や投機の対象になる。一定の通貨の機能、汎用性と流通性、そこに、人々の取引動機に由来する需要や信用・人気が加わっていくことで、将来的に仮想通貨が円やドルに比肩する可能性はある。

なお、FATF〔Financial Action Task Force……金融活動作業部会、OECD〔経済協力開発機構〕内に事務局を持つ〕では、仮想通貨とは強制通用力を持たないデジタル化された価値の表示であり、通貨の3つの機能を備えていると記している。本当に仮想通貨に、円やドルと同様の通貨の3つの機能があるかは、意見が分かれるところだろう。仮想通貨は特定の国の司法の下《もと》にある通貨ではない。租税面での制度整備、資金洗浄＝マネーロンダリングへの不安など未発達な部分も多い。

それでも、インターネット技術の発展とともに仮想通貨は社会に普及し、市民権を得てきた。それを支える技術が金融業界に与える影響も大きい。わが国の企業や金融機関が独自の仮想通貨を作ろうとする動きも出ている。このため、仮想通貨の発展によっては、これまでの国際通貨体制、金融政策、金融システムに大きな変革をもたらす可能性が大いにあると言えるだろう。

1・2：仮想通貨と電子マネーとの違い

電子マネーの種類

仮想通貨は円と同じお金ではない。しかし、徐々に社会に浸透していることを踏まえると、それはお金に近づいている。言ってみれば、仮想通貨は〝お金のようなもの〟だ。

そして、今日の社会を見渡すと、お金である日本銀行券、仮想通貨以外にも、〝お金のようなもの〟がある。〝お金のようなもの〟が増えるにつれて、金融機関以外の企業が金融取引に参入する例も増えている。

電子マネーはその典型例だろう。スイカ（Suica）、エディ（Edy）、ナナコ（nanaco）、ワオン（WAON）などがおなじみだ。スイカはJR東日本が発行するプリペイド型の電子マネーだ。山手線や中央線に乗る時に使えるのはもちろん、自動販売機でジュースを買ったり、コンビニで買い物をしたり、エキナカやデパ地下の総菜店でお弁当やお酒を買ったりと、使える範囲は広い。電子マネーを使えば、買い物の際に財布を引っ張り出し、お札や小銭を取り出す必要もない。電車に乗り遅れまいと急いでいるときに、券売機で切符を買おうとしてあわてて小銭を落とし、拾うストレスもなくなった。

こうして考えると、電子マネーは非常に便利だ。使える範囲も広い。そのため、ともすると、「電子マネーはお金と同じ」と考えがちかもしれない。何よりも、お札も電子マネーも、買い物や、決済に使うことができる。それは、仮想通貨にも当てはまる部分がある。こう考えると、電子マネーも仮想通貨も〝お金のようなもの〟と思いがちだ。

そこで、お金のようなものとして扱われやすい、電子マネーと仮想通貨にはどのような違いがあるのか、わが国の法律に照らして詳しく考えてみようと思う。そうすることで、仮想通貨の将来的な発展性が垣間見《かいまみ》られるはずだ。

電子マネーとは

わが国で使われている電子マネーは〝資金決済に関する法律〟に従う。この法律では、電子マネーを〝前払式支払手段〟と定めている。前払式支払手段とは以下の4つの条件を満たすものをいう。

まず、価値が保存されていなければならない。これは、カード（証票）や、他の人の知覚によって認識することができない電磁的な方法によって、金額が記録されていなければならないことを指す。そして、有効期間が発行日から6カ月以上のものが資金決済に関する法律の対象となる。有効期間が6カ月未満の場合、法律の対象外となることには注意が必要だ。

次に、対価の支払いが済んでいる必要がある。これは、記録された金額に応じた対価の支払いを受けて発行されていなければならないということだ。日常的に行なう電子マネーの〝チャージ〟がこれにあたる。

3つ目が、記録された金額が誰のものかを示すカードやID番号が必要であることだ。誰の電子マネーにどれだけの残高があるのか、明確にされなければならない。このカードなどがないと、発行者、それが指定した企業などから物品を購入したり、サービスの提供を受けることができない。カードが発行されていることによって、電子マネーの利用者はその権利を行使することができる。

4点目に、モノを買ったりサービスを受ける時にカードを提示するなどすれば、間違いなく円滑に使用できなければならない。スイカなどで改札を通る時、私たちは自動改札機にカードを〝タッチ〟する。この〝タッチ〟が、電子マネーの利用（権利の行使）だ。

また、前払式支払手段には2つのタイプがある。1つ目が自家型前払式支払手段だ。SNSで有名な〝ライン（LINE）〟には、スタンプを購入したりするコインがある。このコインは、LINEから購入し、LINEのアプリの中でのみ使うことができる。このように、発行者が提供するサービスにだけ使うことができるものを、自家型前払式支払手段という。

もう一つが、第三者型前払式支払手段だ。スイカはこれに該当する。スイカはＪＲ東日本が発行するが、ＪＲ東日本以外の企業が提供するサービスにも使える。私たちが日常的に使っている電子マネーは、この第三者型前払式支払手段に準拠したものが多いと思う。

どう違う、電子マネーと仮想通貨

電子マネーと仮想通貨の違いを考えると、表面上はあまり違いがないように思えるかもしれない。仮想通貨も財産としての価値を持っている。仮想通貨は購入しなければならないから、使用者は対価を支払っている。一見すると、電子マネーと仮想通貨、重複する部分はかなり多そうだ。

しかし厳密には、電子マネーと仮想通貨は違う。

まず、法律では仮想通貨に関して次のように定めている。『不特定の者に対して使用することができ、かつ、不特定の者を相手方として購入及び売却を行なうことができる財産的価値』（情報通信技術の進展等の環境変化に対応するための銀行法等の一部を改正する法律）。一方で、電子マネーは『発行する者又は当該発行する者が指定する者（中略）から物品を購入』する場合などを想定している。仮想通貨のほうが不特定の人との取引を想定している。法的に想定される使われ方の範囲は、仮想通貨のほうがはるかに広い。

感覚的にも、仮想通貨の便利さと、電子マネーの便利さには違いがある。電子マネーの場合、誰が、どの媒体にどれだけの残高を持っているかが紐《ひも》づけられなければならない。一方、誰が、どれだけの仮想通貨を持っているかは、厳密に管理されているわけではない。たとえばビットコインは、マイニングという一種のゲームを行ない、それに勝った人に付与される。

これは、個々人の欲望によって仮想通貨が生み出されていることを意味する。単純に言えば、小さな子どもがボードゲームに勝って喜ぶように、周囲にゲームで勝つという満足感や達成感、それを追求する心理（アニマルスピリッツ）が仮想通貨の発行を支えている。発行の上限がシステム上に設定されてはいるが、管理する公的な組織もない。

それが、一種の匿名性につながっている。そのため、銀行に行ってどこの誰に、いくらのお金を、どこの誰が送金する、というような煩雑《はんざつ》なプロセスを踏む必要がないとの指摘もある。煩雑さがない分、送金のコストも低く抑《おさ》えられる。同時に犯罪資金として仮想通貨が使われるという懸念もある。これは電子マネー、そして日本銀行券にはない特徴だ。

仮想通貨が電子マネーに置き換わる可能性

これまでの法律は仮想通貨を〝モノ〟として扱ってきた。なぜなら、現時点（2017年1月）では、仮想通貨を買う場合に消費税がかかるからだ。一般的に金融取引には消費税がかからない。国税庁は消費税を『財貨やサービスの流れを通して消費に負担を求める税』と定めている。そして、預貯金や債券などの利子、保険料、投資信託などの収益の分配金などに関しては、消費税になじまないとされている。

こうした金融取引は仮想通貨の登場を想定していない。そのため、新しい〝お金のようなもの〟の登場に、わが国をはじめ、世界の金融規制や税制、法律は十分にキャッチアップしてこなかった。仮想通貨の匿名性などの利便性が指摘されることがあるのは、この裏返しだ。規制が緩《ゆる》いから新しいコンセプトの普及、それを応用した技術の成長が急速に進んだともいえる。

日常生活の感覚に落とし込んで考えると、〝お金のようなもの〟の法的な定義が違っても、普段の生活で買い物をしたり、少額の送金をする場合に電子マネーと仮想通貨で大きな差があるわけではない。むしろ、海外への送金などを考えると、仮想通貨のほうが便利だ。そのため、電子マネー以上に、仮想通貨の存在感は大きくなっていくだろう。

その結果、銀行券と仮想通貨の垣根は、低くなる可能性がある。ユーザーにとって利便性の高いものが競争に勝ち残り、社会に普及する。仮想通貨と銀行券にも、この競争原理は当てはまるだろう。

仮想通貨の普及や、使用可能な範囲が広がってきたことを受けて、わが国の税制にも変化が現われた。２０１７年７月からは、仮想通貨を購入する際に消費税がかからなくなる。これは、わが国の税制の中で仮想通貨がお金としての市民権を得つつあることの表われと言えるだろう。今後も仮想通貨の普及が進むはずだ。「お給料を仮想通貨でもらうか、円でもらうか、選択してください」と言われる日は、そう遠くはないかもしれない。

１・３：仮想通貨の歴史

仮想通貨の出現を知ることは、お金の歴史を知ること

仮想通貨のコンセプト自体は１９９０年代半ばには登場していたと言われている。そして、この新しいお金がものすごい勢いで社会に広がったのは、円やドルなどのお金よりも、便利なところがあるからだろう。

仮想通貨の登場は、過去から続く〝お金の歴史〟の中で考えるとわかりやすいだろう。歴史をさかのぼると、今日の貨幣や紙幣が登場してきた背景にも同じことがいえ

るからだ。

以下では、まず、お金の歴史を振り返ろうと思う。特に、平安時代以降、わが国でどのようなお金が流通していたかを見ると、政府や中央銀行などの公的な力や存在が、お金の流通に不可欠だと言い切れないことが確認できる。新しい技術が生まれ、経済の活動が活発になるにつれて、より便利に使えるお金が必要とされるのは、歴史の常だ。

物々交換から金属貨幣の登場

原始、古代の時代、人々はモノとモノを交換する〝物々（物品）交換〟を通して、欲しいものを手に入れていた。たとえば、お米をたくさん持っているが、魚が欲しい人と、魚をたくさん持っているが、お米が欲しい人が運よく出会ったとしよう。

この二人は、それぞれが余分に持っている魚とお米を交換することで、互いの需要を満たすことができる。当たり前だが、この交換は、お互いの欲しいものが一致しないと、成り立たない。塩やお米、毛皮やたばこなどが、交換を媒介するものとして用いられていたこともあった。これを〝物品貨幣〟という。

そして、人々は交換を容易に行なうために、何かのモノを使って交換される価値を表わそうとし始めた。プリミティブな形のお金のようなものの登場だ。そこで大切なことはいくつかある。まず、多くの人が価値を認め、欲しいと思うものであること。欲しいと思うだけの価値を表現するだけの大きさがあり、かつ、交換するのに困らないこと。あまり大きすぎると大変だ。そして、保存ができて、持ち運びもできればなおよい。

こうした条件を満たしたものとして、貝殻のお金などが知られている。中国の殷《いん》の時代（紀元前17世紀ごろ〜）では、きれいな貝殻が物品貨幣として使われていた。そのため、今でも、お金に関する漢字には〝貝〟がよくつく（貯、買、など）。

なお、歴史は定かではないものの、ミクロネシア連邦のヤップ島の〝石貨〟のように直径が数メートル、重さ数トンに及ぶ巨大なお金も登場した。その大きさがどれほどのものかを想像するには、漫画『ギャートルズ』に出てくるお金をイメージしていただければよいだろう。この石のお金の価値は、石の種類ではなく、それを作り、運ぶのにかかる労力に基づいていた。

それでも、万人が貝殻に価値があると考えるとは限らない。貝殻が割れてしまうこともよくない。そこで、お金には、より一般的に価値が高いと考えられ、持ち運び、管理のしやすい素材が使われるようになった。それが〝金属貨幣〟だ。中国の周《しゅう》の時代には刀の形をした刀幣《とうへい》などが登場し、古代ギリシャの都市国家（ポリス）ではエレクトロン貨が使われていた。

当初、金属貨幣は〝秤量貨幣〟だった。これは使われる金属の価値が金額を表わす。金貨のほうが、銀貨よりも高価であり、銀貨よりも銅貨は価値が低いということだ。秤量貨幣は物流の促進につながった。ただ、偽造や風化など品質の安定が簡単ではないという問題もある。そこで、徐々に鋳造貨幣が登場するようになった。鋳造貨幣とは、金属を型に流し込んで作られた貨幣だ。一般的に、鋳造貨幣を〝硬貨〟と呼んでいる。

わが国では、7世紀ごろから、無文銀銭《むもんぎんせん》や富本銭《ふほんせん》が使われていたことが明らかになっている。そして、708（和銅元）年に発行された和同開珎《わどうかいちん》も知られている。和同開弥の登場から250年くらいの間に、当時の朝廷は12種のお金を作った。朝廷が発行した貨幣という意味で、〝皇朝十二銭〟と呼ばれている。これは高校の日本史の授業でおなじみだろう。重要なことは、皇朝十二銭は朝廷＝政府が発行したお金だったということだ。奈良・平安時代には政府を中心とするお金の流通が徐々に進み始めていたのである。

お金の流通を巡る歴史

次に、奈良時代以降のわが国で、どのようにしてお金が社会に普及していったのかを確認してみよう。実は、この段階で、朝廷と、台頭してきた武士の間でお金の流通を巡る意見の食い違いが起きていた。それでも、お金は着実に社会に広がっていった。これは、私たちの暮らしの中に、仮想通貨が広がってきたのと似ている。

奈良・平安時代の朝廷（政府）は皇朝銭を社会に普及させようとした。しかし皇朝銭が使われる範囲は思うように広まらなかった。皇朝銭は、朝廷から距離の近い近畿地方を中心に限定的に使われていたにすぎないと考えられている。そして、当時の政治体制である律令制が社会の発展に合わなくなったこと、銅の産出が減ったこともあり、10世紀の末には朝廷による貨幣の鋳造は行なわれなくなった。その後16世紀に豊臣秀吉《とよとみひでよし》が金貨や銀貨を作り始めるまで、国内の権力者による貨幣の鋳造は中断されたままであった。

この間、国内では中国から輸入したお金が広がった。12世紀、平清盛《たいらのきよもり》は、日宋《にっそう》貿易を振興した。特に、見逃せないのが中国、宋のお金＝宋銭を国内で流通させ、平家隆盛の財政的な基礎を築いたことだ。

当時、朝廷は宋銭ではなく〝絹〟で財政を管理していた。そのため、後白河《ごしらかわ》法皇は宋銭の流通を、快くは思っていなかった。これが清盛の怒りを買う一つの原因になり、後白河法皇は幽閉された。朝廷の言い分は、平家が流行《はや》らせた宋銭は信用のない〝私銭〟だということだった。〝私銭〟――、これは今日の仮想通貨に対しても当てはまる表現だ。それでも、宋銭は社会に広がっていった。

宋銭の普及は、スムーズな経済取引を求める、私たちの潜在的な心理が、いつの時代でも交換やモノの価値を測るためにお金を必要としていることを確認する、よい例だ。

鎌倉時代に入っても、宋銭は使われた。鎌倉幕府は公式に宋銭の流通を認めるなど、海外からもたらされた貨幣は、徐々に当時のわが国の経済に浸透していった。貨幣が実際の暮らし（経済）に行きわたるという動きは、年貢の納め方を変えてしまった。年貢とは、平安時代を中心に普及した税金と考えればよい。農家は一年に収穫されたお米や絹などの一部を、小作料として朝廷に納めていた。そのため、朝廷にはそれ自体で価値のある絹などの現物で財政を管理したほうが都合がよかった。

新しい通貨の出現は、歴史の必然だ

平安から鎌倉時代の初期にかけて、わが国では宋銭と絹という、2つのお金が使われていた。その後も、室町時代に中国からわが国に入ってきた永楽通宝は、江戸時代の初めごろまで使われた。この間、戦国時代には豊臣秀吉が天正大判、天正小判を作るなど、国内では複数のお金が流通していた。

時代が変わり、新しい技術の開発などが進むと、人々の行動様式も変化する。鎖国政策によって海外に行くことが考えられなかった時代もあったが、のちには諸外国との交流も少しずつできるようになってきた。こうして人々の行動する範囲は広がり、海外からの珍しい品物も入手しやすくなる。

経済が活発になり、成長が促進されるとなると、ストレスを感じることなく取引・交換・決済を実現する手段が欠かせない。欲しいと思ったものを買うだけの銭貨を持っていても、それを相手が受け入れてくれないと、買い物はできない。たとえば、平家が日宋貿易を進めるためには、絹よりも宋銭のほうが、中国から舶来品を購入し、それを国内で売る上で便利だった。

米や絹などの現物を用いて財政を管理していた朝廷にとって、宋銭の登場は「そんなものありえない！」という、受け入れられないものだったはずだ。仮想通貨についても「政府が発行していないお金なんて、イカサマだ」と考える人はいるだろう。それでも社会が発展すると、より便利（効率的）な取引の手段が生み出される。それは歴史の教えるところだ。そうした動きが経済の変革につながると言えよう。新しい〝お金のようなもの〟が登場するのは、歴史の必然なのだ。

だからそう考えれば、ビットコインなどの仮想通貨が私たちの暮らしに広がってきたのも、自然な流れではないだろうか。インターネットの技術が発達し、それが世界に普及することで、買い物をしたり、お金を送ることは、より便利になってきた。実際にお店に行かなくても、欲しいモノやサービスを手に入れることができる。フィジカル（物質的）なお金ではなく、電子化されたお金を用いて支払いができれば、なおのこと便利だ。そうした社会の変化が、資金の電子取引を支え、必要としている。そんな時代がすぐそこまでやってきているのだ。

仮想通貨の登場

仮想通貨の登場は、インターネットの普及と切っても切り離せない。インターネットが社会に広まったのは１９９０年代の前半ごろからではないだろうか。

１９９５年には、米国の下院で〝お金の将来（The Future Of Money）〟をテーマにした公聴会が開かれた。この公聴会では、電子マネーを超えて、ビットコインの登場を視野に入れた議論が行なわれた。その内容を簡単にみてみよう。

まず、公聴会ではインターネットを使って取引が可能になることのインパクトは大きい、との見方が示された。新しいテクノロジーとそれまでの取引が融合することは、産業革命につながるほどの影響力があるとさえ考えられた。電子取引では、お金がネットワーク上のコンピューターに管理されたり、カードに埋め込まれたICチップに置き換《か》えられるだろうとの展望も示された。これは、私たちが使っている電子マネーにそっくりだ。

出席者からは、インターネット技術への規制が行なわれていないことにより、一部の市場参加者が、想像もつかないような新しいお金を生み出す可能性があることも報告された。それは、南北戦争の前の米国で、各地のローカルな銀行が独自のお金を発行していたことと比べられている。同時に、インターネットがマネーロンダリングに使われるなどの懸念から、適切な取り締まりは欠かせないとの報告もなされている。

そして、1998年には、beenz.com（ビーンズドットコム）、1999年にはFlooz

（フルーズ）のＩＴベンチャー企業が登場した。こうした企業は、独自の〝インターネット通貨〟を生み出した。２０００年に入ると、ビーンズドットコムがわが国に参入し、インターネットが私たちの暮らしに広がるとともに、新しいお金のようなものも、社会に広まるかに思われた。しかし、２００１年、両社とも経営破綻してしまった。ＩＴバブルの崩壊や、犯罪組織によって不正にネット通貨が引き出されたことなどが原因のようだ。

ＩＴバブル崩壊後、ＩＴ業界ではビットコインなどの取引を支える〝ブロックチェーン〟と呼ばれる新しいシステムの研究が進んだ。そして、２００８年にサトシ・ナカモトという人がブロックチェーンの技術を確立し、多くの人が知っている仮想通貨、〝ビットコイン〟のコンセプトを発表した。これを境に、仮想通貨は世界に広がり始めた。

２０１３年に発生したキプロスの財政危機の際、政府は預金を国外に持ち出せないように規制した。そうなると、預金が差し押さえられるのではないかなど、心配になるのは当たり前だろう。そこで、一部の人が預金をビットコインに交換し、自分の資産を守ったのは有名だ。

古来、物々交換から物品貨幣、金属の貨幣など、経済の発達とともにお金は形を変え、価値の保存や、尺度となる機能を備えてきた。そして、インターネットの広まりとともに、ヒト・モノ・カネの動きは加速し、仮想通貨が社会に広がった。このように歴史を振り返ると、経済の発展とともに新しいお金が広まるのは自然なことと言える。

1・4：今ある仮想通貨の種類

仮想通貨には、いろいろな種類がある

古代では、塩や毛皮がお金として使われていた。そして、平安時代のわが国では朝廷が定める絹など、中国からもたらされた宋銭などが流通していた。このように考えると、私たちの社会にはそもそも、その時々の経済の在り方に合わせて、使いやすい、最適な通貨を選択し、流通させる機能が備わっていると考えることができそうだ。

これを事実とするならば、それは今日の通貨のシステムとかなり違う。わが国の法律では、円を国内で強制的に通用させることが定められている。その場合、円と同じお金を人々が作り出そうとしても、できない。こう考えると、仮想通貨が社会に広がり、市民権を得つつあることは、実にエポックメイキングな動きと言えるだろう。

そして、仮想通貨にもさまざまな種類がある。中でも有名なものは、「仮想通貨と言えばビットコイン」とイメージされるほど人々に知られたビットコインだろう。確かに、ビットコインは有名だし、仮想通貨全体の時価総額の大半をビットコインが占めている。しかし、ビットコイン以外の仮想通貨も多い。有名ではあるけれど、ビットコインの価値は、どちらかというと不安定だ。それに対して、価値を安定させた仮想通貨も登場しつつある。そこで本節では、現在取引されている仮想通貨にはどのようなタイプがあるかを紹介していこうと思う。

マイニング型の仮想通貨

仮想通貨のタイプは大別して2つある。マイニング＝採掘によって発行される仮想通貨と、発行者がいるタイプの仮想通貨（アセット型）だ。

まず、マイニング型の仮想通貨を説明しよう。ビットコインはこの代表例だ。マイニング（Mining）とは、金などの鉱脈を掘り当てることを意味する。一言で言うと、マイニングとはビットコインを〝当てる〟ことだ。ビットコインのマイニングは、一種の計算ゲームに勝って、コインの新規発行を行なうことをいう。

ビットコインの発行は、ビットコインを手に入れたいと思う、一部の有志（マイナー）が行なっている。この人たちは、ブロックチェーンの中にあらかじめ設定されている計算問題を競争して解く。そして、一番早く正解した人には、12・5ビットコインと一種の手数料が与えられる。これが、ビットコインの発行を支える経済的なインセンティブだ。

すべてのマイニングに関するデータは、〝ブロックチェーン〟と呼ばれる分散型のコンピューターに記録される。ブロックチェーン＝コイン発行の記録（取引台帳）

だ。ブロックチェーン上に書かれたデータがビットコインの基本的な価値を示している。一定期間ごとに、ビットコインを管理するブロックチェーンは、すべての取引の履歴（ハッシュ）を記録する。

この時、すでに発行されたコインのデータと、新しく発行されたコインのデータ、すべての履歴の整合性が担保されなければならない。それができないと、ビットコインの信用がなくなるからだ。そしてここが重要なことなのだが、ビットコインの総発行量は2100万ビットコインと決められている。

そこで、ビットコインの信用を維持するために、ブロックチェーンでは、マイニングが正しいということの証明が自動的に行なわれるようになっている。これをプルーフオブワークという。

プルーフ・オブ・ワークは、計算プロセスの中に組み込まれている。コインを発行するためのブロックチェーンの計算問題は、10分程度かかるように仕組まれている。ここで、悪意のある人が、ブロックチェーンの改ざんを試みたとしよう。この人は、改ざんしようとする時点のブロックから、現在までのブロックチェーンを書き換えなければならない。

悪意を持ったこの人は、すべてのブロックチェーンに記録されている計算問題を解きなおさなければならないわけだ。そして、書き換えられたブロックは枝分かれし、誰かが改ざんを試みていることがわかるよう仕組まれている。

一方、それぞれの動機に基づき、コインを手に入れようとしている有志の人々は、新しいブロックを追加し続ける。そのため、改ざんのスピードがブロックの延伸を上回ることは不可能だ。

こうして、履歴のチェーンが一番長いものが正しいことが確立され、それをゲームに参加するマイナーが相互に確認することができる。体内に入ってきたウイルスを白血球がやっつけるようなアルゴリズムが、ビットコインを支えるブロックチェーンに備わっていると考えればイメージしやすいかもしれない。

こうして、ビットコインのマイニングが正しいこと（信頼性や安全性）、取引が過去にさかのぼって改ざんできないという強さ（不可逆性）が支えられている。マイニング型の仮想通貨にはビットコインのほかにも、イーサリアム（Ethereum）、ビットシ

仮想通貨のランキング(2017年2月10日現在)

ランキング	仮想通貨名	時価総額(百万ドル)
1	Bitcoin	15,546
2	Ethereum	971
3	Ripple	231
4	Litecoin	186
5	Monero	166
6	Dash	116
7	Ethereum Classic	109
8	NEM	55
9	Steem	33
10	Factom	28
11	Waves	24
12	Dogecoin	23
13	Zcash	20
14	Lisk	15
15	Stellar Lumens	15
16	GameCredits	14
17	Komodo	13
18	ShadowCash	10
19	Bitcrystals	10
20	BitShares	10
21	Bytecoin	10
22	Decred	9
23	Siacoin	8
24	Nxt	8
25	Stratis	8

データ出所：http://coinmarketcap.com/currencies/

エアーズ（BitShares）、ライトコイン（Litecoin）、モナーコイン（Monacoin）などが知られている。

アセット型の仮想通貨

アセット型の仮想通貨は、トークン型の仮想通貨と呼ばれることもある。トークンとは〝代用通貨〟を意味する。このタイプの仮想通貨には、コインを発行する人（企業）がいる。この発行者がコインの供給量を決めているが、発行数が決められていても、後で変わることもある。

アセット型の仮想通貨は、株式への投資によく似ている。株式は企業が発行する。新しい株券を発行すると、発行済みの株式数は変動する。そして、投資家はその企業の増益などを期待して投資する。期待した通りに企業が成長すると、株価が上昇したり、配当が支払われる。こうして投資家は儲けを手にする。

アセット型の仮想通貨として、ゲットジェムズ（GetGems）が運営するジェムズ（Gemz）という仮想通貨が知られている。GetGemsというのはチャットを行なうアプりだ。そのアプリの中でGemzという仮想通貨がユーザーに配られている。

GetGemsアプリ内では、ほかのSNSアプリと同じように広告が掲載されている。広告主の企業は広告を掲載するためにGemzを購入し、その代わりに現金を支払う。アプリの利用者は広告を受け入れることでGemzを手にすることができる。言ってみれば、広告を見てもよいと思う人に、仮想通貨をばらまく。そして、仮想通貨＝Gemzは、現金やビットコインに交換したり、買い物に使うことができる。

Gemzの発行量は1億Gemzに決められている。そのため、人気が出る前にGemzを手に入れておけば、後で価値が上がり利益が得られるのではないか、と考えることはたやすい。こうした期待を持てるところに、Gemzを保有する動機がある。アプリをアクティブにし、友人を紹介したりしておくと、アルゴリズムによってGemzがばらまかれる。スマホにアプリをインストールして、企業の宣伝に積極的に貢献するとボーナスをもらえる。これをエアドロップと呼ぶそうだ。

一見すると、なぜユーザーは対価を払わずに仮想通貨を得られるのか、という疑問がふつふつとわく。この背景にあるのが〝アテンションエコノミー〟の考え方だ。簡単に言えば、企業は種々ある宣伝、広告の中から、どうにかして自分の宣伝に、関心を向けてもらいたい。

最近はインターネットだけでなく、ユーチューブなどの動画サイトでも、余りに多くの広告が引っ付いてくる。私たちの認知の能力にはどうしても限界がある。「一度にたくさんの人に話されると内容がわからないから、別々に話して」というように、一度にたくさんの情報を把握するのは大変だ。

そうなると、企業の広告は、関心をそそるものというより、鬱陶《うっとう》しく思えてしまうこともある。インターネットサーフィンをしていると、いつも、通販サイトで検索した本などの品物が掲示され、わずらわしいと思う人は多いだろう。

それだけ、関心を向けてもらう価値はあるということだ。まさに、注意＝アテンションの取り合いが進んでいる。（2016年11月の米国の大統領選挙に関しても、一部の専門家の間では、ドナルド・トランプ氏がこれまでの候補者と違うことが注意を引き、票を集めることに寄与したとの見方もある）

スマートフォンが広まったことで、私たちはいつでもどこでも、好きな時に、好きな場所で、チャットしたり、動画を見たりすることができる。GetGems は仮想通貨を用いてユーザーの関心を引き付ける。魚釣りで撒《ま》き餌《え》をするのに似ている。そして、さらに多くの Gemz をユーザーに渡し、お得な心理をくすぐり、広告を拡散してもらおうとしている。

この点で GetGems は通常のチャットアプリとは違う。それは、より積極的にマーケティングの効果を高めようとするツールであるということだ。何気なく広告を見る場合と、友達からシェアされた場合を考えてみると、誰かにお勧めされたもののほうが「そうか、見てみよう」と思ってしまう。

このように考えると、マイニング型、アセット型の違いはあるが、仮想通貨の応用範囲はかなり広い。情報技術の進歩は今後も続くだろう。それによって、より便利な支払いの手段、より効果的な宣伝のやり方を求める人、企業は増える。その分、仮想通貨が私たちの暮らしに広まる余地もあるだろう。

1・5：主として新興国に浸透する仮想通貨

お金への規制

実は、一つ一つの通貨（法定通貨）の取引の自由さには、かなりの違いがある。すべての通貨が、いつでも好きな時に、自由に売ったり買ったりできるわけではない。

一般的に先進国では、自由な通貨の取引が認められている。わが国の円、米国のドル、英国のポンド、欧州の国々のお金をまとめた単一通貨のユーロは、自由に売買ができる。ドルを持っていなくても、誰かからドルを借りて、売ることもできる（これを空売りという）。このように、先進国の通貨（お金）には、自由な取引が認められている。

なお、2011年に発生した東日本大震災などの大規模災害や経済危機が発生すると、わが国など先進国の政府と中央銀行は、政府の力をもって自国の通貨の極端な下落を防ごうとする。

これが、為替介入だ。一般的にはドルを売って（買って）、自国の通貨を買い（売り）、為替介入が行なわれる。状況次第で、お金の移動が制限されることもある。先に紹介したキプロスのように、国の財政が大きく悪化し、借金（国債）の元本や利息の支払いができないのではないか、との懸念が高まると、政府は国内にお金を留まらせようと規制をかけはじめる。

そもそも、国の法律によって自由な取引が認められていない通貨（お金）もある。新興国の通貨の多くは、取引に制約が設けられている。規制がかけられた通貨として、中国の人民元、台湾の台湾ドル、インドネシアのインドネシアルピア、ブラジルのブラジルレアルなどがある。

特に、中国では、人民元の下落への不安が増大し、そのため人民元の規制をかいくぐろうとする動きが増えている。すなわち、人民元の信用不安の裏返しとして仮想通貨への注目が、かなり高まっている。基本的に、ビットコインなどの仮想通貨は、特定の政府・中央銀行のコントロールを受けていない。そのため、比較的自由に売ったり買ったりできる。それは投資の対象としてだけでなく、自分の資産を守るためにも役に立つ。この点で、一部の新興国では、その国のお金が仮想通貨に〝浸食〟され始めている。

なぜ資本規制が必要か

新興国などで導入されているお金の取引に関する制限を、〝資本規制〟という。

簡単に言えば、海外の投資家（非居住者）が、自由にお金を売ったり買ったりできないよう制限がかけられているということだ。国内の個人や企業の送金などにも、規制がかけられていることがある。規制をかけるということは、政府の力でお金の価値＝為替レート（ドルや円などに対する新興国のお金の交換レート）、お金の流れをコントロールすることを目指している。たとえば、輸出を中心に経済を成長させるためには、自分の国の通貨は安くなったほうが有利だ。通貨が安くなると、輸出企業の収益はかさ上げされる。ヘッジファンドなどの投機的な動きを受けて、いきなり、多くのお金が海外に流出すると、銀行などの資金繰りが行き詰まる恐れもある。そのため、多くの新興国が自分の国のお金の取引に規制をかけている。

特に、中国の資本規制はきつい。中国の政府は、銀行が参加する為替の市場で、為替レートの変動率に制限を設けている。ドルに対して、人民元は基準となる為替レート（中国外貨取引センターが発表する米ドルの取引仲値）から、上下2％以内に収まらなければならない。上下2％を超えて為替レートが動くと、当局は為替介入を行なう。その他の通貨に対する変動幅は、ドルよりも緩い。ここから、中国の政府がドルと人民元の為替レートの安定を重視していることがうかがえる。

また、中国は個人が外貨を購入できる額を、1年間に5万ドルと定めている。そして、企業に対しては、海外の企業の買収に対する取り締まりが強化され、5万ドル以上の利益を海外に送る場合には、決算に関する書類などを銀行に提出しなければならない。

お金の流出を恐れる中国

こうした規制の強化を通して、中国はお金を国内に強制的にとどまらせようとしている。先行きの経済への懸念から、中国から海外にお金が流出しやすくなっているか

中国の実質GDP成長率の推移

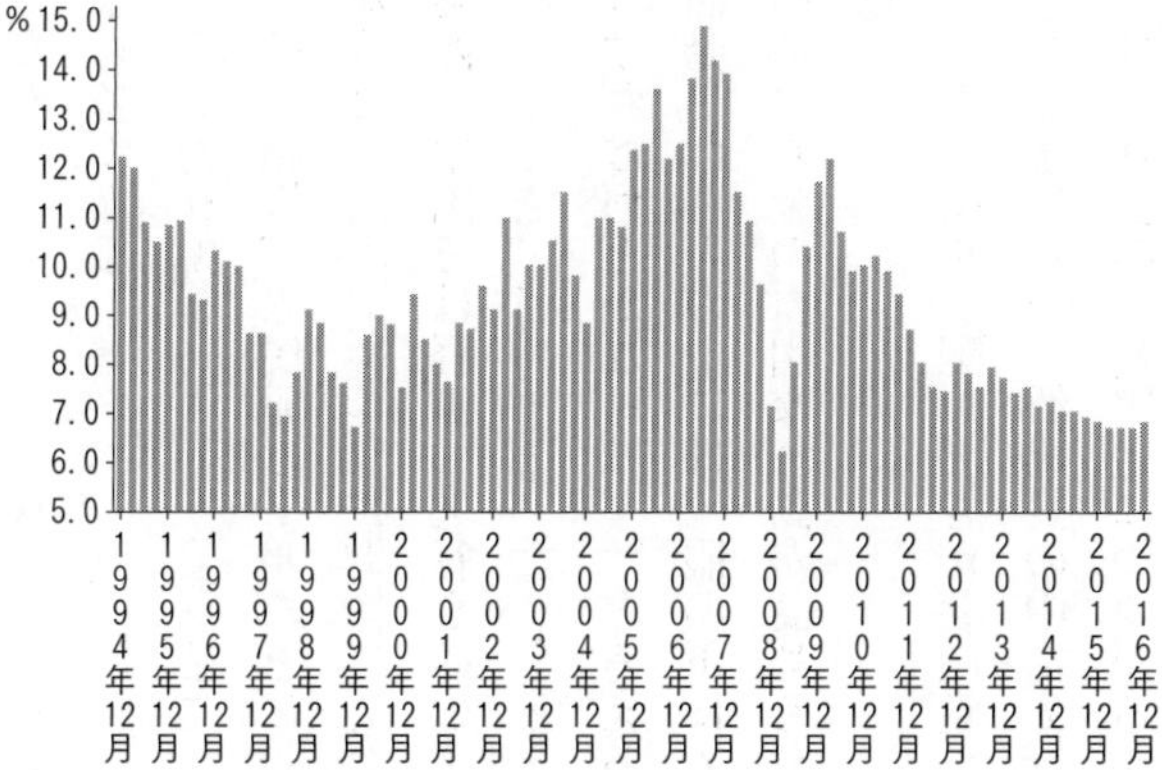

データ出所：中国国家統計局

らだ。

２０１１年の半ばを境に、中国経済の成長率（実質ＧＤＰ＝国内総生産の成長率）の低下傾向が顕著になっている。今でも、不動産バブルの崩壊や、鉄鋼や石炭など、多くの業種で過剰な生産設備といった問題がある。そのため、企業の財務内容が悪化し、借金が返せなくなるなど、先行きへの不安は高まりやすい。地方政府の財政も悪化している。

先行きへの懸念が高まると、「人民元の価値が低くならないうちに、海外にお金を移してしまおう」と考える人は増える。これは、人民元を売り、ドルなどを買うことにつながる。先行きの人民元の下落を見込んで、売りを仕掛けようとする外国人の投資家も多くなる。

こうした状況を放置しておくと、雪だるまのように、人民元の売りが増えてしまう。その結果、人民元はドルなどに対して下落し、余計に不安が高まってしまう。そうなると、「中国の経済は危ない」との懸念も増える。

実際、中国では経済の先行きへの不安と、人民元の下落への懸念が互いに影響してきた。そこで、国内では、「ひとまず自由にお金を動かせる香港《ホンコン》までお金を運ぼう。そうすれば何とかなるはず」と考える人が増えた。

摘発された人の中には、服の下に人民元のお札を巻き付け、お金を運ぼうとした人もいる。お金の自由な移動が認められないと、にわかには信じがたいことも起こるものだ。

一党で中国を支配してきた共産党にとって、お金が本土から流出し続ける状況は何としても避けたい。低成長の中で先行きへの不安が増せば、政府への不満は高まる。それは、社会の不安定化につながるかもしれない。こうして中国は資本の規制を強化せざるをえなくなっている。

ビットコイン取引が席巻する中国

中国の国外にお金を持ち出したい人は、ビットコインにも注目し始めた。基本的にビットコインは政府・中央銀行のコントロールを受けない。中国の本土市場からお金を海外に移したい人は、人民元をビットコインに換え始めた。その勢いはすさまじい。

2011年の初めの時点で、中国でのビットコインの取引のすべては、ドルとの売買だった。その後、中国経済の減速が鮮明になり始めた2011年ごろから、人民元とビットコインの売買が増えた。そして、2013年以降、ビットコイン市場では、人民元を相手とする取引が急速に増えてきたことがわかる。そして、今ではビットコイン市場は中国の人民元との取引がほぼすべてを占める状況になっている。

こうした状況を受けて、中国政府はビットコイン取引への規制も強化してきた。2013年12月には、中国の中央銀行である中国人民銀行が、金融機関に対してビット

各通貨建てで見たビットコインの取引シェア

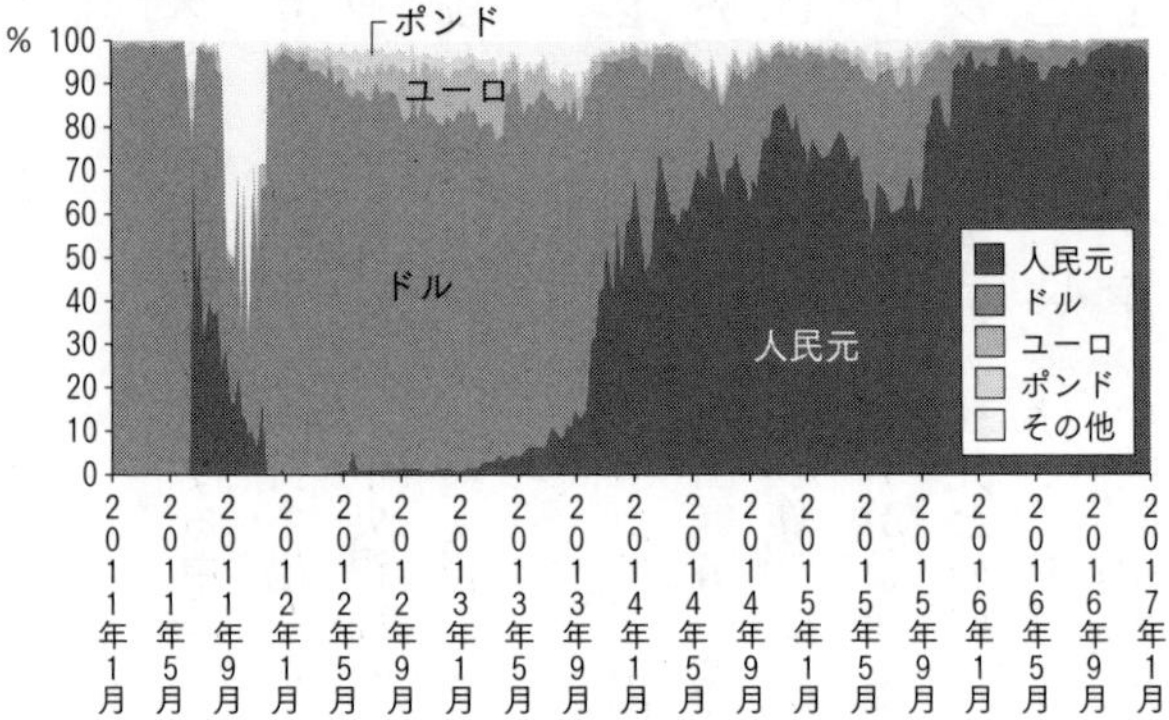

データ出所：http://data.bitcoinity.org/

コインの取引を禁止した。それでも、中国でのビットコイン取引は増加し続けている。一部には、株、不動産のさらなる上昇が見込みづらいため、投資資金がビットコインに流れているとの見方もある。確かに、株式、不動産、鉄鉱石などの価格の動向を見ると、中国の人々は投資（投機）をしていないと気が済まないのかもしれない。

そこで、人民元とビットコインの交換レートを見てみよう。折れ線グラフが上に行くほど、人民元に対するビットコインの価値は上昇する。この動きを見ると、かなりのお金が人民元の下落による損害を防ぐために、ビットコインに換えられたことが窺える。

ビットコインの対人民元レート（ビットコインの人民元建て価格）

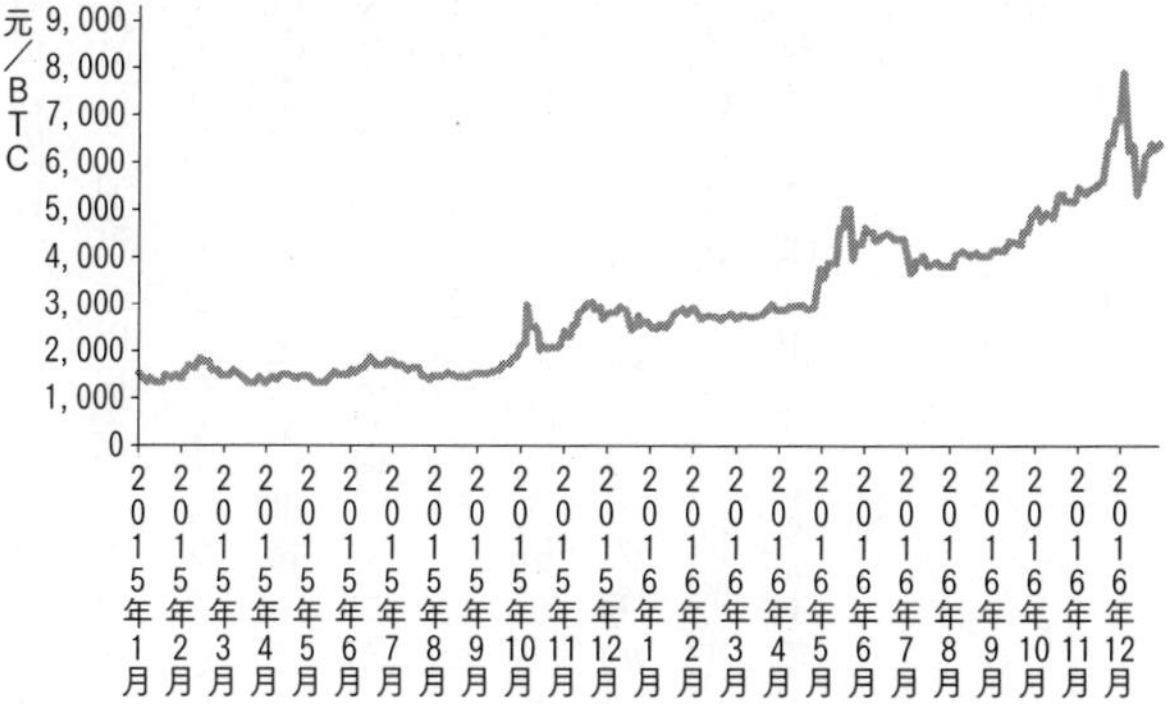

データ出所：http://data.bitcoinity.org/

２０１７年１月、中国政府は、人民元の下落を食い止めるため、短期の金融市場に出回るお金を吸い上げた。この結果、本土、および香港の市場では、人民元の需要が急速に高まった。予定通りのお金のやり取り（決済）を成立させるために、元を急いで確保しようとする人が増えた。その結果、人民元はドルに対して急上昇した。同時に人民元建てのビットコインの価格は５０００元台に急落した。

中国以外の新興国でもビットコインへの需要は高まっている。２０１４年の半ば以降の原油価格の下落を受けて、ベネズエラの経済は危機的な状況にある。お金に対してモノの価値が高騰している。インフレの進行だ。

ＩＭＦ（国際通貨基金）によると、２０１７年、ベネズエラの経済成長率はマイナス４・５％、インフレ率は２２００％に達すると見られている。このような破滅的な状況の下《もと》でベネズエラの通貨〝ボリバル〟は交換の手段としての機能を十分に果たせなくなっている。政府は、ゼロが何桁もくっつく高額の紙幣を準備しているが、物価の上昇スピードが速いため、高額紙幣の印刷が追い付いていない。こうしてベネズエラでもビットコインへの人気が高まっている。今後も、資本規制や通貨危機への不安が高まった場合には、自分の国の通貨よりも仮想通貨を使って資産の価値を守ろうとする人は増えるだろう。「仮想通貨なんてインチキだ」とは言っていられない状況に置かれている国は世界に多くあるのだ。

第二章

仮想通貨と私たちの生活

2・1：私たちの日常にも入り込む仮想通貨

気がつけば、新しい技術がそこにある

〝昔は空想の世界でしかなかったが、気づいてみれば身の回りに広がっている〟。

私たちを取り巻く技術を見渡すと、そうした印象を持つものは多い。1980年代、携帯電話は肩からベルトでぶら下げなければならない、重く、かさばるものだった。それが、小型化され、そして、今では小型のコンピューターとして、日々の暮らしに不可欠になっている。「携帯電話を持っているといつも誰かに監視された気になる。だから持たない」と意地を張っていた人も、職場や家族に頼まれ、携帯電話を持たざるを得なくなっている。技術の進歩には抗《あらが》えない部分がある。

このように新しい技術が開発され、実用化されるようになると、それはいつの間《ま》にか、私たちの暮らしの中に〝入り込む〟。これはビットコインに代表される仮想通貨にも当てはまる。

国内での仮想通貨普及は、海外より遅い

わが国では、いつでも、どこでも、仮想通貨で買い物ができるようになっているわけではない。しかし、少しずつ、ビットコインでの決済を受け入れる企業、店舗が増えてきたことは確かだ。東京都などを中心に、飲食店などでビットコインでの支払いが可能な店舗は増えている。2017年2月時点で日本中で約6000店、2017年度中には2万店以上の店で使えるようになるはずだ。

〝おさいふケータイ〟、〝スイカ〟などの電子マネーのように、現金で支払わなくてよいキャッシュレスが進んできたとはいえ、まだまだ、「支払いは〝これまでのお金で〟」という人は多いようだ。実際、世界各国との比較でみると、わが国の仮想通貨の受け入れは、遅いと言わざるを得ない。

2015年3月、仮想通貨の技術を応用することを目指す米国のベンチャー企業〝21〟は、1億1600万ドル（当時の邦貨換算額で約140億円）のお金を調達した。この企業が作成するプログラムを使うと、誰でも、オンラインのストアを、ビットコイン決済で運営することが可能になるという。21の技術を使えば、サーバーをレンタ

ルするコストを払う必要はない。

わが国では、まだ、こうしたビジネスモデルの構築が十分に進んでいるとは言いづらい。それでも、徐々にビットコインへの注目、利用は増えている。2016年9月には、電力の小売り自由化に参入した電力会社と共同し、電気代をビットコインで支払うサービスを導入することが報道された。これは、国内で初めてビットコインを用いた公共料金の収納サービスの開始だ。

電気代の引き落とし方法そのものは、これまでの電気代の支払いから大きく変わるものではない。まず、該当する電力会社と契約をした人は、ビットコイン取引企業の運営する取引所に口座を開設する。その口座から、毎月の電気代が自動で引き落とされる。そして、ビットコインを引き落とした取引所を運営する会社は、ビットコインを円に換《か》える。こうして、電力会社は電気代を回収するのだ。この電気代のビットコイン決済に加えて、節約した分の電気代をビットコインで還元してもらえるサービスもある。

こうした取り組みを見ていくと、徐々にビットコインはわが国の生活の中にも入り込んでいる。インターネットやスマートフォンが生活に欠かせないものになってきたように、ビットコインがそうなる日も遠くはないように思える。実際、海外の都市ではかなり、ビットコインが普及している。

ビットコインにフレンドリーな都市

国内でのビットコインの普及に比べて、海外ではかなりのスピードでビットコインが社会に広がっている。

たとえば、検索サイトのGoogleでビットコインにフレンドリーな都市を検索してみよう。そうすると、サンフランシスコやサンノゼなどのカリフォルニア州の都市がまずヒットする。カリフォルニア州は、〝シリコンバレー〟と呼ばれるＩＴ技術のメッカだ。そのため、ビットコインに関する技術や、仮想通貨を研究するベンチャー企業が多いことは容易にイメージできる。そうした、新しいコンセプトを実際の生活に応用しようとする雰囲気が、ビットコインの普及に影響しているのだろう。

また、フロリダ州のタンパやセント・ピーターズバーグ、ニューヨークなど、米国の有名な都市ではビットコインの利用が住民たちに受け入れられている。そのほかにも、オランダのアムステルダム、アルゼンチンのブエノスアイレス、イギリスのロンドンなどが、ビットコインにフレンドリーと言われている。残念なことに、東京をはじめ、わが国の都市の名前をビットコインにフレンドリーな都市として見つけ出すことはできなかった。

仮想通貨の広まりは、都市の魅力にどう影響するだろうか。たとえば、わが国を訪れる外国人の観光客は、日本の風土、〝おもてなし〟と表現されるホスピタリティ、買い物、などを目的にしている。一方、人民元安など、各国通貨の価値が下落すると、わが国を訪れる観光客は減りやすい。それはそうだろう。円がその他の通貨に対して高くなると、余計に旅行の費用がかさんでしまう。

そこで、ビットコインなどの仮想通貨が広まれば、お金を両替する手間が省ける。それだけでなく、ビットコインの決済によって、為替レートの変動の影響も気にしなくて済む。これは便利だ。政府は、観光産業の育成を重視して、空港の離発着制限の緩和などを進めてきた。規制緩和などの取り組みは、今後も進めるに越したことはない。それに加えて、わが国を訪問する魅力を引き上げていくためには、仮想通貨の導入を進めることにも、かなりのチャンスがあるのではないだろうか。

仮想通貨を重視し始めた企業

また、海外では一般企業も積極的にビットコインでの決済、ビットコインの使用を念頭に置いた製品の設計を進めている。まだまだ、試行錯誤が続くだろうが、そうした取り組みが進んでいるところを見ると、仮想通貨が私たちの暮らしを根本から変えてしまう力を持っているように思える。

2014年、ワードやエクセル、パワーポイントでおなじみのマイクロソフトはビットコインでのアプリやソフトの購入を受け付け始めた。しかし、このサービスはあまり広がらなかったようであり、2016年にはビットコインの取り扱いが終了した。その一方で、マイクロソフトはエクセルの2016年バージョンからビットコインに対応した機能を搭載することを発表している。

このほかにも、インターネットの通販大手アマゾンでは、間接的にビットコインを使った買い物ができるようになっている。すでに、わが国のＤＭＭなどの企業でも、ビットコインでの買い物ができるようになっている。

このように、ビットコインを受け入れて、仮想通貨にフレンドリーな企業、サービスは今後も増えていくだろう。特に、ビットコインにせよ、その他の仮想通貨にせよ、基本的に、決済に関するコストが少なくて済む。

これは大きなメリットだ。クレジットカード決済の際、クレジットカードの利用を受け入れる加盟店（企業）は、２～５％程度の手数料をクレジットカード会社に支払っている。仮想通貨を用いれば、ブロックチェーンなどのシステム上の決済を双方向で行なうことで、このコストを削減することができる。

こうした取り組みが社会に与える影響は大きい。検索をはじめ、自動車の自動運転や人工知能の開発などを進めるGoogleは、ビットコインのライバルと言われる仮想通貨〝リップル（ripple）〟に出資した。リップルは、ビットコインの弱点を補う仮想通貨と言われることがある。リップルは仮想通貨というよりも、即時のお金の決済を実現するプロトコルを運営している。プロトコルとは、お金の決済に関するいろいろなルールと考えればよい。

そして、サムスンやＩＢＭはビットコインの根幹を支える、ブロックチェーンの研究を共同で進めている。ブロックチェーンの研究は、日立、富士通、ＮＥＣなど国内の大手電機メーカーも力を入れている。こうした動きを見ると、仮想通貨、その根幹技術が私たちの暮らしにもたらす、潜在的なマグニチュードは無視できない。

2・2：中国発の仮想通貨普及の影響

無視できないインバウンド消費

海外に比べると、わが国では仮想通貨の普及が遅れている。それでも、仮想通貨を日本で使おうと考える人は徐々に増えている。特に、中国など、海外からわが国に訪れる人たちの影響は大きい。この動きは、フィンテック（ＩＴ技術を用いた新たな金融サービス）にも当てはまる。本節では、中国人観光客の増加が、わが国の仮想通貨やフィンテック技術の普及を後押しすることを考えたい。

日本政府観光局（JNTO）の統計では、2016年の訪日外国人客数が前年から21・8％増え、2403万9千人だった。特に、アジア各国からの訪日客数は右肩上がりで増えてきた。中国は最大の訪日旅行市場に成長し、訪日客数は初めて600万人台に達した。

〝爆買い〟と呼ばれる言葉が注目されたように、中国人の観光客の買い物の影響は、わが国の小売りや宿泊業界などに、かなりの影響を与えてきた。国内の大手デパートや家電量販店、ドラッグストア、そして、旅館やホテルなどは、中国語に堪能なスタッフを置き、接客サービスの向上に努めた。2016年に入ると、中国経済の減速や、人民元の為替レートの下落などを受けて来訪者数が減る時期もあったものの、依然として中国人の観光客は、わが国のサービス業にとって不可欠な〝インバウンド需要〟だ。

中国からのインバウンド需要の高まりを受けて、人民元と円を交換する両替所も、いろいろな場所で見かけるようになった。以前は、外貨と円を両替するといえば、空港の両替カウンターか、大手銀行の比較的規模の大きな支店で行なうイメージが強かったように思う。

では、両替ができればよいかと言うと、話はそう単純ではない。人民元の最高額紙幣は100元に制限されている。2017年1月末の為替レートに換算すると大体1650円になる。訪日中国人の平均的な消費額は22万円程度と言われている。このお金を人民元の紙幣で用意するのは、かなりかさばる。潜在的な需要として、買い物にビットコインなどの仮想通貨を使いたいと思う人は多いはずだ。そうしたニーズが、国内での仮想通貨支払いを広めるきっかけになる可能性がある。

特に、中国ではモバイル決済等のフィンテックの技術開発が進んでいる。中国政府はビットコインの取引に警戒を強めているが、その一方で人民元に代わるお金、新しい決済システムの構築は着々と進んでいる。モバイル決済は中国の人々にとって、必要不可欠なものになっている。そうした展開が、わが国での仮想通貨、フィンテック技術の普及を後押しする可能性もある。

インバウンドする新しいカード

まず、中国人観光客の増加に伴ってわが国に入り込んできた、中国の決済システムを紹介しよう。中国からのインバウンド需要の高まりとともに、街の中では、新しいカードのマークをよく目にするようになった。それが、〝銀聯《ぎんれん》（UnionPay）〟カードだ。

この銀聯カードは、中国のオンライン決済システム企業である中国銀聯が発行する。中国では、クレジットカードの審査に時間がかかる。そして、利用者の信用内容も高いとは限らない。そのため、銀聯カードはデビットカードとして使われることが多い。この銀聯は、UnionPay の名の通り、中国国務院の指導の下、複数の金融機関の決済システムを統一して誕生した。

国が後ろ盾となっているだけに、銀聯カードの普及のスピードは非常に早い。すでに発行枚数は50億枚を超えたとも、60億枚とも言われている。そして、銀聯は、ＩＢＭと共同して、クレジットカードのポイントを売買するシステムの実験を行なうなど、フィンテック分野の開発に力を入れている。

　加えて、銀聯は米アップルと提携して、デビットカードの保有者がアップルの決済アプリ〝アップルペイ〟を使えるようにした。これは、中国のＩＴベンチャー企業が先行したフィンテック市場のシェアを奪還するためだ。

フィンテックを巡る民間企業と国家の競争

　中国のモバイル決済市場は４７０兆円程度の規模に拡大し、世界最大のマーケットに成長してきた。この背景には、中国の消費者がほとんどの買い物をモバイル決済で済ませてしまうことが影響している。

　銀聯はＱＲコードの標準化を行ない、自分に有利なように競争条件の統一化を進めようとしている。そうすることで、ライバル企業に自社の方式を受け入れさせ、民間企業の独走を食い止めようとしている。一方、アップルには、政府の後ろ盾を持つ銀聯と組むことで、自社のブランド力を活《い》かしながらモバイル決済のニーズを汲《く》み取ることができるだろうとの目論見がある。

　一方、モバイル決済の分野で、飛ぶ鳥を落とす勢いで成長してきたのが、インターネット取引企業の阿里巴巴（アリババ）集団の〝アリペイ〟と、インターネットサービス企業、騰訊控股（テンセント）の〝テンペイ〟や〝ウィーチャットペイ〟だ。中国のモバイル決済市場ではこの2社が90％近いシェアを誇る。一方で銀聯のシェアは1％程度とみられている。このシェアを見ると、銀聯のモバイル決済市場への参入は遅れてしまったと言われても仕方がない。

すでにアリペイやウィーチャットペイは、わが国の企業にも採用され始めている。コンビニや大手デパート、タクシー、インターネット上でのショッピング、航空会社など、中国のモバイル決済システムを取り入れる企業は増えている。特にコンビニ業界では、ローソンが全国の店舗にアリペイのシステムを導入することを決定した。中国発フィンテックの波は、急速な勢いでわが国に押し寄せているのが現状だ。

今後も続く、フィンテック技術の流入

ここで、中長期的な視点で中国発のモバイル決済システムなどのフィンテック技術が、わが国にどのような影響をもたらすかを考えてみよう。

まず、日本政府は、世界最先端の観光先進国を目指している。数値目標として、2020年に4000万人、2030年に6000万人の訪日外国人旅行者数の達成が掲げられている。米国や欧州などの富裕層の取り込みなどが必要だとの指摘もあるが、当面は中国を中心とするアジア各国からの来訪者がメインになる。

そして、アジアでは、中国がフィンテックの成長市場として存在感を高めている。最高額の紙幣が100元であるため、両替の手間を考えるとモバイル決済へのニーズは今後も高まるだろう。

もし今以上の高額紙幣が発行されれば、現金決済の利便性は改善するかもしれない。しかし同時に、高額紙幣は偽造される恐れがあり、当局の監視コストもかさむ。中国人観光客が増えるに従い、わが国の消費市場で中国のアリペイなどの普及が進むのは、避けられなさそうだ。

モバイル決済が普及すれば、ビットコインで支払いを済ませたいという要望も増えるだろう。100％近い仮想通貨（ビットコイン）の取引が人民元を相手に行なわれていることは、軽視できない。ビットコインを持っている人が多いだけに、ビットコインでの決済が可能になればいいと考える人は多いだろう。

このように、中国発のフィンテックの流れは止まりようがない。銀聯だけでなく、アリババなどがブロックチェーン技術の有用性に注目し始めている。そして、中国の中央銀行である中国人民銀行自ら、新しい仮想通貨の開発を進めようとしている。政府が直接、仮想通貨を監視することができれば、投機的な行動を制限したり、海外への不正な送金を取り締まることが容易になる。

国家の規制をかいくぐるために仮想通貨への人気が高まる一方で、そうした行動に抑制をかけるためにも仮想通貨が注目されているわけだ。大手国有銀行も独自のモバイル決済システムを整備し始めた。

私たちに直接見えないところで、着実に新しい金融技術の開発が進んでいる。中国からの観光客が国内でアリペイや銀聯カードを使う機会は今後も増えていくだろう。それに伴って、仮想通貨、それを支える技術がわが国の社会に入り込むことはもはや避けられないのだ。

2・3：仮想通貨の代表〝Bitcoin〟の正体

それでもメインはビットコイン

仮想通貨は、国家の信用を裏付けとしない。そして、インターネット空間で特定の参加者の信用や期待に支えられてきた〝お金のようなもの〟と考えられる。第一章で紹介したように、ビットコイン以外にもイーサリアムなど、さまざまな仮想通貨が存在する。それでも、今のところ、仮想通貨の主役を張るのはビットコインだ。

なぜ、ビットコインに多くの注目が集まるのか。いろいろな理由が考えられる。特に大切なのが、ビットコインの成立を支えているブロックチェーンの技術を応用できる範囲が広いということだろう。

これまでに説明した通り、ビットコインはインターネット上のブロックチェーンに保存された、すべての取引記録と言い換えられる。ビットコインを手に入れたいと思う有志の人は、ある種の計算問題を一番早く解いて、コインを手に入れる。これが参加者共通の台帳＝ブロックチェーンに記録され、ビットコインが増える。そして、取引の内容をはじめから終わりまで、すべてを参加者が相互に確認し、共有することで、客観的な通貨の供給量が確認できる。

この通貨を生み出すプロセスは、一部の人のアニマルスピリッツ（富や成功への野心）に基づく〝貨幣〟の創造を、他の大勢で見守り、共有することによって成り立っている。そこには、オーストリアの経済学者フリードリッヒ・フォン・ハイエクが唱えた、お金（貨幣）の発行に関する権能を政府からなくし、民間に独自の紙幣を発行させる、との考えに近いものがある。

以下ではビットコインの出自、そしてブロックチェーンを支えるＰ２Ｐ（Peer-to-Peer）の技術などを紹介し、ビットコインを機能させる技術的な基礎を把握しようと思う。

謎の人物……サトシ・ナカモト

ビットコインのオリジン＝起源はサトシ・ナカモトという人物が公表した一つの論

文にまでさかのぼる。一見すると「サトシ・ナカモトは日本人か」と思われがちだが、この人物が、どこの、誰か、実像ははっきりしていない。中本哲史という表記もあるようだが、これは当て字のようだ。そもそも個人か、団体かもよくわからない。

これまで、サトシ・ナカモトではないかと思われる人物が、たびたび登場している。一例を挙げると、暗号通貨開発の第一人者であるニック・ザボー氏がナカモトではないかとの見方がある。1998年にザボー氏は〝ビットゴールド〟と呼ばれる、金を簡単に分割し、お金として使うことができる分散型の管理システムをデザインしたことで知られている。

また、スマートコントラクトの概念も、ザボー氏の考案によるものと言われている。スマートコントラクトとは、契約の内容を有効にしたり、それを履行するのを自動化することを言う。これは、金融取引や保険契約、決済などを自動化することにほかならず、フィンテック技術の基礎的なコンセプトだ。当のザボー氏は「自分はナカモトではない」と否定している。ナカモト某が何者かはさておき、ザボー氏の発想は今日のフィンテック、仮想通貨の流行をかなり前から予見していたと思える。

そのほかにも、サトシ・ナカモトと思《おぼ》しき人物は存在してきた。２０１４年、米国のNewsweek誌は、カリフォルニア州に住む日系アメリカ人のコンピューターエンジニアであったドリアン・ナカモト氏がサトシ・ナカモトであると報じたが、本人はビットコインすら知らないと述べ、これは誤報に終わった。これ以外にも、サトシ・ナカモトとみられる人物が世に出ているが、いずれも確証は得られていない。

２００８年10月、サトシ・ナカモトはオンライン上に〝*Bitcoin: A Peer-to-Peer Electronic Cash System*〟と題する論文を発表した（https://bitcoin.org/bitcoin.pdf）。この論文の冒頭で、ナカモトら（文中ではweと表記されている）は金融機関などの第三者機関が介在することで発生する取引のコストを、Ｐ２Ｐ技術を使うことで回避することができると記している。それを可能にするのが〝プルーフ・オブ・ワーク（時間をかけて作業した証明）〟であるという。この部分が仮想通貨ビットコインの心臓になっている。

ナカモトがビットコインの基幹システムにピア・トゥ・ピア（Peer to Peer＝P2P）を採用したのは、画期的な発想だった。Peerとは、同じもの、同僚や仲間を意味する。ピア・トゥ・ピアとは、仲間同士、対等な関係と考えればよい。

この意味をコンピューターネットワークに落とし込むと、ネットワーク上にある端末同士が、お互いに通信し、履歴などのデータを送ったり、受信したりすることに置き換えられる。端末間に主従の関係はなく、〝分権的〟なシステムが構築される。そのため、データを一カ所にとどめて管理する必要はなく、システムの運営コストを抑えることができることになる。これは通貨の発行コストを抑えることに他ならない。

一方、私たちが生活の中でインターネットを使う際、通常は、データをためておくサーバーにアクセスする。言ってみれば、サーバーが中心だ。サーバーがダウンしてしまうと、個々の端末（クライアント）はデータにアクセスできなくなってしまう。

こうした状況を防ぐために、企業はメインのサーバーに加え、同じ性能を備えたバックアップのサーバーを置いている。特に、わが国のように地震などの自然災害の影響を受けやすい場合には、地盤が固く、津波などの影響を受けづらい場所を選んでバックアップのサーバーを設置する。これにはかなりのコストがかかる。

P2Pが可能にする低コスト、匿名性

ビットコインの取引台帳であるブロックチェーンは、P2Pの技術を採用している。このP2Pの採用が、コストの低減と匿名性という、ビットコインの人気を支えている。P2Pの技術を使えば、コインを発行する際に、大規模なサーバー設置のためのIT投資は必要ではなくなる。これが仮想通貨の決済のコストを抑えることにつながる。

ここでふと思い浮かぶのは「P2Pテクノロジーを使ったブロックチェーンのシステムはどこにあるのか」という素朴な疑問だ。システムと言われると、大きな部屋にいくつものサーバーが並んでいる像を思い浮かべる人は多いかもしれない。

ブロックチェーンは、コンピューター内に存在するプログラムだ。それを手に入れるためには、それぞれのコンピューターに、オンライン上に配布されているプログラムをダウンロードすればよい。ダウンロードすると、そのコンピューターは世界中のビットコインの取引システムと相互に疎通し、データが管理される。

もし、あなたがこのプログラムをダウンロードするとすれば、それはあなた自身が

一般的なサーバー（中央集約型）

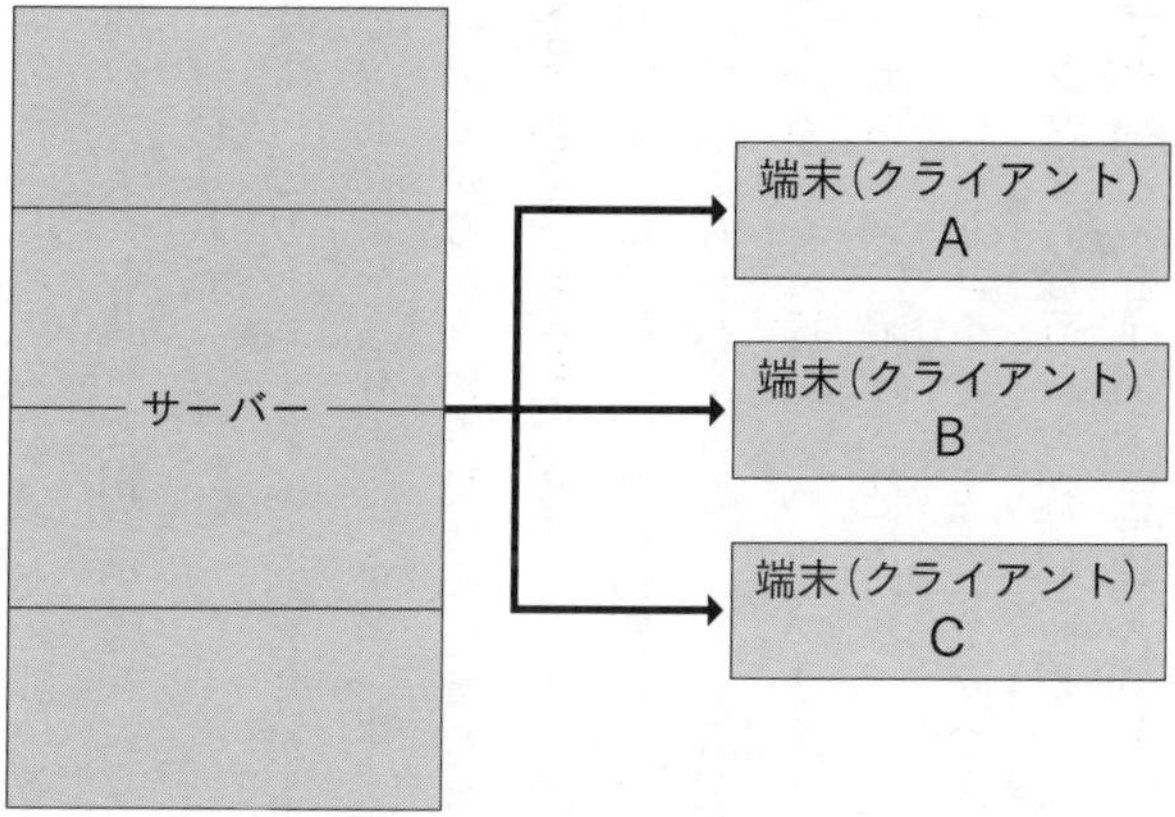

Ｐ２Ｐ（分散型）

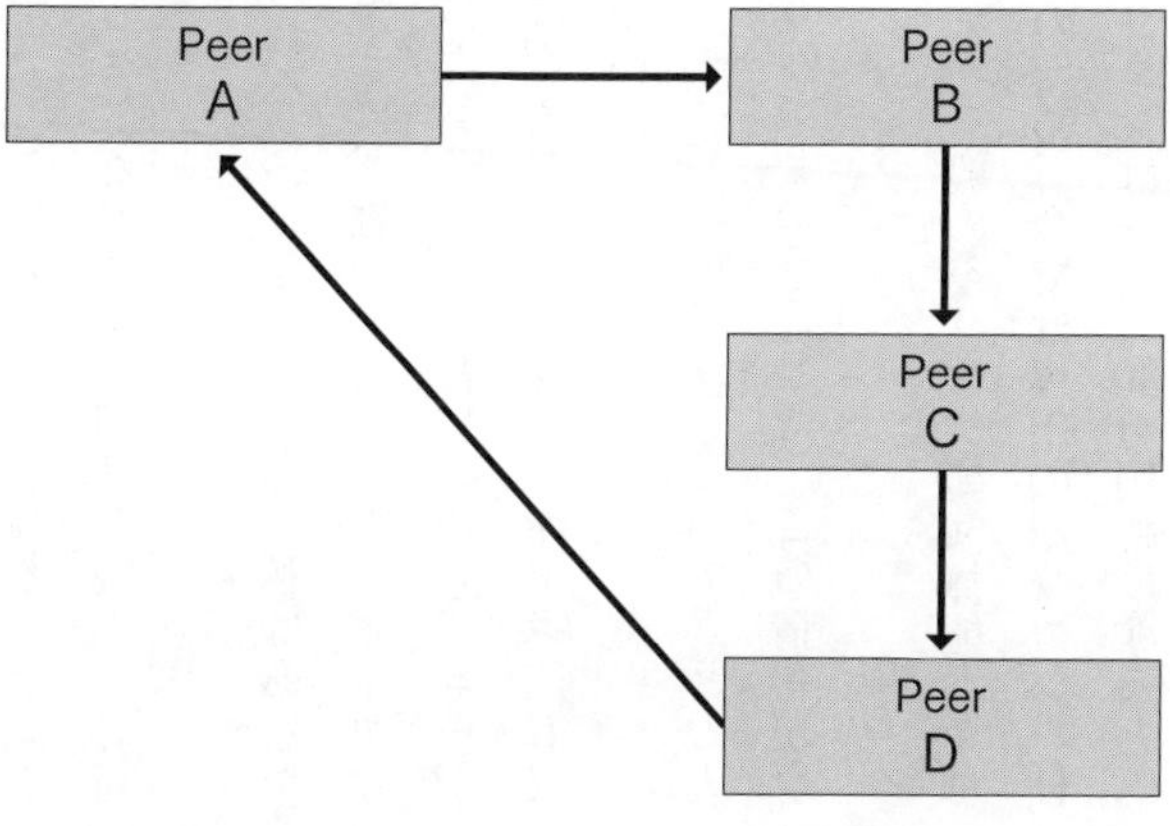

ブロックチェーンシステムを支えていることになる。こうして、ビットコインはユーザー間のデータの共有と相互の監視によって、低コストながらも信用性と取引の非可逆性が維持される。

同時に、ビットコインには匿名性があると言われる。システム上で、「私はあなたに2ビットコイン（BTC）を渡します」というように、誰がどれだけのビットコインを持っているかという具体的な情報は開示されていない。それは、1Evqj8Y4eL2sdBUZbkj4bNUanHqm444dSq……というような識別子（ビットコインアドレス）にて行なわれる。これは、銀行の口座番号と考えればよい。

結局、私たちがわかるのは、今どれだけのビットコインが存在していて、どの人（識別子）がどれだけのビットコインを持っているのかということだ。この情報がブロックチェーンに記録されている。

なお、ビットコインのマイニングが進むにつれて、一般のパソコンの演算能力ではマイニングを行なうことが難しくなっている。そのため、今では専用のパソコンを使ってマイニングを行なう専門業者が多い。そのパソコンは一台、30万円程度すると言われる。それにわが国の電気代を使ってマイニングすると、余計にコストがかかってしまう。そのため、今日のマイニングは比較的電気代が安い中国で行なわれていることが多いようだ。

ビットコインを支える暗号・情報技術

もう少し、ビットコインの匿名性を深掘りしてみよう。このビットコインの特徴を支えるために、いろいろな技術が使われている。特に、公開鍵暗号方式、合意アルゴリズム、ハッシュ関数は欠かせない。もともと、これらの理論は暗号技術や情報管理のために発展してきた。

まず、〝公開鍵暗号方式〟を確認しよう。暗号とは、第三者に内容を知られないようにした情報のやり取りを言う。ビットコインは公開鍵暗号方式を使うことで、匿名性を確保している。この方式では、公開鍵とそれと対《つい》をなす秘密鍵の2つの鍵が使われる。

まず、データを受け取る人は、送信者に対して公開鍵を渡す。この公開鍵を使って、送信者はデータを暗号化する。受信者は暗号を解読するための鍵=秘密鍵を使って、受信した暗号を復号化する。

このメリットは、交信しあう者同士が情報を解読するために、一対一の鍵を持っていなくても済むことにある。これは画期的な発想と言われている。情報を読むことができるのが秘密鍵を持っている受信者だけだからだ。

この〝鍵〟は、銀行のATMで入力する暗証番号だと考えるとわかりやすいだろう。一般的にビットコインのアドレスには一つの秘密鍵がセットになっている。その秘密鍵を持つ者は、ビットコイン所有者だけということになる。

Aという企業が世界各国の取引先からビットコインでの送金を受け付ける際、まず、各企業は公開鍵で送金先を暗号化する。Aは暗号化された送金情報を秘密鍵で解読(復号)し、送金が終わったかを確認する。送金は暗号化されるので、誰がいくら持っているかはわからない。こうすることで誰がいくらのビットコインを持っているか、具体的な情報を暴くことは、システム上不可能になっている。

それに加え、〝ハッシュ関数(暗号学的ハッシュ関数)〟を使って複数の、膨大な取引記録の正確さが確認されている。この関数は、任意の文字列の中から特定の固定長（長さが決まっている）のランダムな値（これをハッシュ値という）を取り出す。いったん取り出されると、ハッシュ値から元の文字列にさかのぼることはできない。そして、一つの文字列のハッシュ値は同じになる。

ビットコインを支えるブロックチェーン上では、10分ごとにコインが発行される。新しく発行されたブロック（取引の記録）には、直前の記録がハッシュ値として保存されている。これをつなぐことで、ブロックチェーン内にハッシュの連鎖（ハッシュチェーン）が出来上がり、コインの発行済み残高、その分布状況の正しさが確保されている。

P2Pが、いつでも、どこでも問題なく動くための技術も欠かせない。これを支えるのが〝合意アルゴリズム〟だ。これが、さまざまな場所に点在するコンピューターが、互いに通信し、同じ情報を保存することを支えている。ここで言う〝合意〟は、賛同ではなく、〝データの一致〟を意味する。アルゴリズムとは、〝やり方〟を指す言葉であるが、ビットコインは、合意アルゴリズムを使うことで、コインの発行が正当

管理主体なしに取引を記録する方法

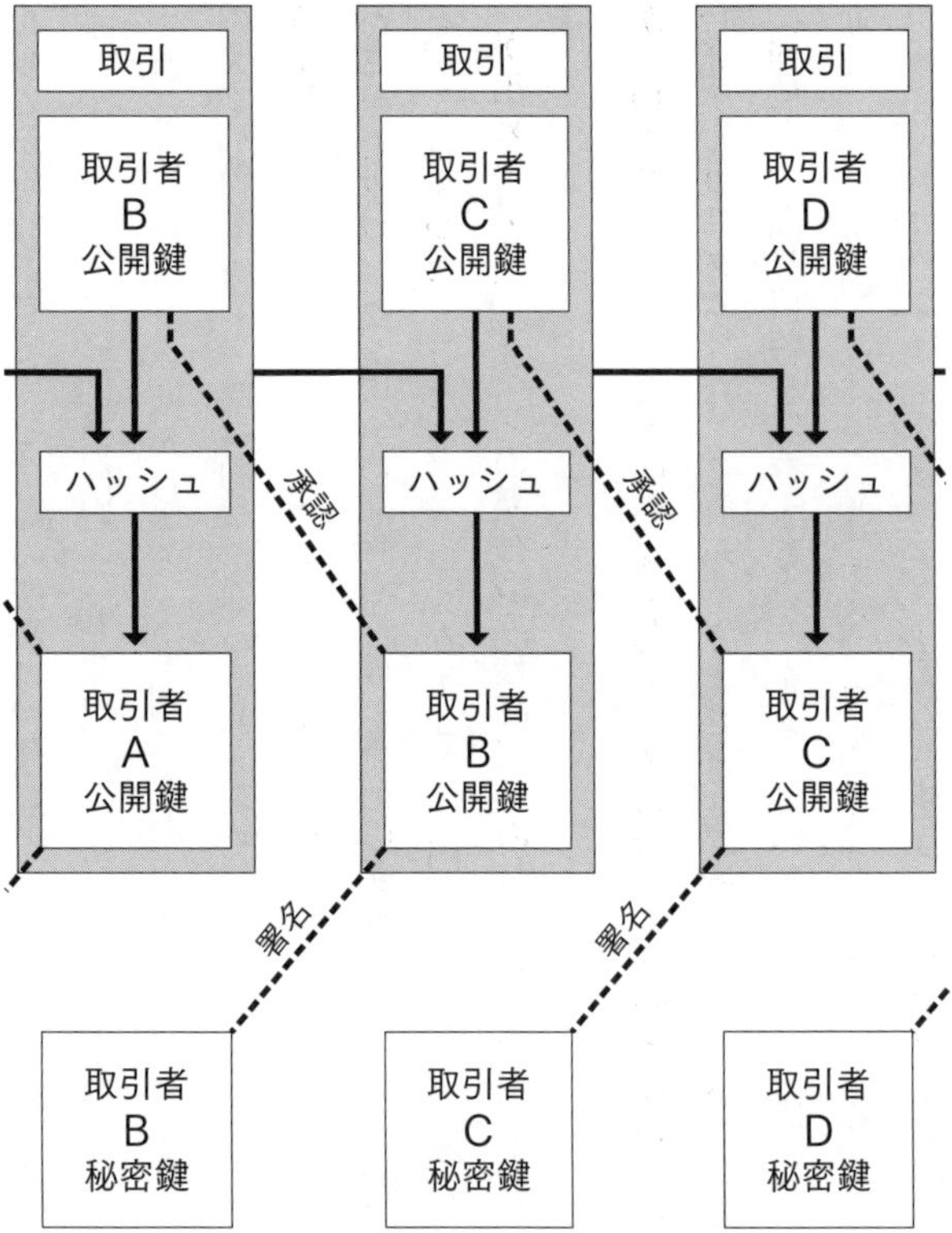

データ出所：http://nakamotoinstitute.org/bitcoin/

か、不正かを判断している。

これまでに、ビットコインを発行するためには特定の計算問題を解かなければならず、それには平均10分かかることを紹介した。オープンリソースのブロックチェーンには、ビットコインを奪おうとする、悪意を持つ人がアクセスすることもある。そこで、作業の所要時間が平均して10分かかるように設計することで、周囲も作業の正当性が確認できる。これが仕事の証明＝プルーフ・オブ・ワークになる。

このように考えると、ビットコインは暗号の技術を用いた暗号通貨だと言われるのには納得がいく。個々の暗号の理論自体は高度な数理処理能力が必要とされるが、コンセプト自体は、管理者のいない分散型のシステムを使って、低コストなお金の取引と取引の正しさを実現しようとすることに他ならない。それは、実にシンプルな発想だとも言えるのだ。

2・4：仮想通貨の取引方法

ビットコインは、どう手に入れる？

では、実際にビットコインをどう手に入れ、使うことができるかを考えてみよう。ビットコインを支える暗号理論などはかなり難解だが、使用者の立場で接してみるとビットコインは比較的簡単に取引できる。

まず、ビットコインを使うには、当然だが、コインを手に入れる必要がある。一般的にビットコインを手に入れるという場合、必ずしもマイニングをしなければならないということではない。ただ、ビットコインを買えばいい。ビットコインを手に入れるには、取引所や販売所にアクセスする。そして、オンライン上で自分の口座を作り、所定の手続きを踏むと、取引が可能になる。

次に、取引所と販売所がどう違うかを説明しておこう。取引所とは、東京の株式や為替のマーケットのように、ビットコインを売ったり買ったりする場をいう。この取引所は個々の企業が運営している。手に入れたビットコインを使ってオンライン通販を利用できたり、家電製品と交換できるなどのサービスを提供している取引所もある。これに対して、販売所は銀行でドルやユーロを買って円を支払うことをイメージすればよい。また、クレジットカードなどでためたポイントをビットコインに交換することもできる。

普通、私たちがお給料を受け取る時は、まずお金が銀行の口座に振り込まれる。それをおろして財布に入れる、あるいはオンラインの銀行サービスを使って電子マネーにチャージして使う、もしくは、デビットカード、クレジットカードで払うことなどが一般的だ。ここで、お金を受け取り、保存するためには銀行口座が欠かせない。

これと同じように、手に入れたビットコインも、どこかで保存したい。

ここにも2つの方法がある。一つ目は、保有しているビットコインを取引所に預けておくことだ。もう一つは、〝ウォレット〟と呼ばれるアプリに入れてパソコンやスマートフォンに保存するやり方だ。

ウォレットは読んで字の通り、財布を指す。銀行と財布の関係になぞらえてみると、取引所はビットコインを預けておく銀行などの金融機関であり、必要な都度、ウォレット＝財布に入れる、ということになる。

取引所の倒産に注意

取引所が倒産するとビットコインをなくしてしまうリスクがある。２０１４年２月、ビットコインの大手取引所だったマウントゴックス社（Mt. Gox）が経営破綻に陥った（破産手続開始時点の資産は約39億円、負債が約87億円、約48億円の債務超過）。この時、同社のＣＥＯはシステム上の問題からビットコインがなくなったと説明していた。同社の経営者は業務上横領で逮捕された。

経営者が、ビットコインを売買するため顧客が預けたお金を着服し、破綻に陥った。あくまでも経営者の資質の問題が破綻の理由だ。一時、マウントゴックスはビットコイン取引全体の70％程度を握っていたと言われる。そして、わが国に拠点を置く企業だったことも重なり、「ビットコインはいかさまだ、詐欺《さぎ》だ」という見方が増えた部分はあるだろう。

重要なことは、いまだ規制が緩《ゆる》い分、利便性や匿名性が確保されていると同時に、取引で財産を失っても、それは自己責任である、ということだろう。なお、『情報通信技術の進展等の環境変化に対応するための銀行法等の一部を改正する法律』は、利用者の保護等に関する措置、利用者財産を取引所の資産と分別して管理することを定めてはいる。

すでに国内のビットコイン取引所と損害保険会社は、取引所がサイバー攻撃などによって損失させられた際の保険商品を開発している。これには、サイバー攻撃による仮想通貨の大量盗難も含まれる。ビットコインの口座開設を検討する場合には、取引所がこうした保険に入っているかどうかも確認しておくと、より安心かもしれない。

ビットコインの一般的な使い道

こうして手に入れたビットコインは、食事などの代金を支払ったり、振り込みなどに使うことができる。まず支払いに使う際は、あらかじめビットコインをウォレットアプリに移しておかなければならない。支払う際は、お店が備えたタブレット端末に示された2次元コードを、アプリで読み込めばよい。そうすると支払いが完了する。

支払われるビットコインの額は、額面ではなく時価に基づく。1BTC＝8万円の時に800円の食事をすれば、0・01BTCを支払う。もし1BTC＝10万円であれば、0・008BTCの支払いで済む。ビットコインの対円レートが高い時に買い物をすれば、使うビットコインを少なく済ませることができる。このように価格が変動するのがビットコインと円の支払いの違いだ。

次に、ビットコインは送金に使うことができる。クレジットカードを使う際、加盟店舗（企業）は5％程度の手数料をカード会社に支払わなければならない。これに対して、ビットコインの決済コストは1％程度と言われている。

また、お金を回収するのにかかる時間も短くて済む。クレジットカードを使った場合のことを考えてみよう。今月、カードで買い物をすると、来月の下旬か翌々月の上旬にカードの利用代金が銀行口座から引き落とされる。規模の小さな企業では、売り上げから決済までのタイムラグが長いと、運転資金のやりくりに支障が出かねない。

現在、ビットコインで送金を行なうと、翌日、コインを受け取ることができる。システム上、送金の履歴はブロックチェーンに記録され、これが送金の証明書になる。送金の際も、携帯電話のカメラで2次元コードを読めば事足りる。そのほか、寄付を行なう場合にも、2次元コードを読み込めばよい。

仮想通貨の投機性

こうした決済目的の使い方に加えて、ビットコインは投資・投機の対象にもなる。一般的に〝投機〟とは、短期間の資産価格の変動をうまくとらえて、利ザヤを得ようとすることをいう。安値で買って、高値で売り抜けようとすることをイメージすればよいだろう。

ビットコインは投機の対象になりやすい。いろいろな考え方がありそうだが、基本的には、長期の資産形成には向かないように思う。

同時に、ビットコインのマイニングに勤《いそ》しむ人々は、ビットコインを手に入れ、それをビットコインの利用者に販売するなどして利益を得ようとしている。この時点で、ビットコインには一種の〝山っ気〟がある。日常の利用の場面でも、対円でのビットコインレートの変動が影響するように、価値は不安定だ。

ビットコインの発行は制限されている。今のところ、2100万コインと定められている。そして、この制限に近づくほど（ビットコインの発行が進むほど）、採掘できるコインの量は少なくなる。マイニングの難度も上がる。その分、マイニングにかかる電気代などのコストは増えてしまう。こうなると、発行するのにコストのかかるお金を誰が欲しがるだろうかという疑問が残る。これは、ビットコイン、そしてその他の仮想通貨が解決すべき問題点だ。

このように、量に限りがあると、一部の愛好家などの買い占めが起きやすい。歴史を紐解けば、オランダのチューリップバブルはそのよい例だ。そのため、どうしてもビットコインの価値は安定しづらい。

2016年の後半、中国では、〝ビットコインバブル〟とでも言うべき、ビットコインへの投機熱が発生した。2016年2月、中国政府は不動産市場の活性化を狙って、住宅ローンの頭金比率を引き下げた。こうすれば、元手が少ない人でも、家を買うためにより多くのお金を借りることができる。

その結果、上海《シャンハイ》などの大都市を中心に、中国の住宅価格が急上昇した。これを見た当局は、住宅バブルがはじけると景気が大きく悪化するかもしれないと懸念し、ローンの規制を引き締めた。こうして国内で徐々に、不動産バブルがはじけるのではないかとの不安が広がった。

中国では、経済成長率の低下から企業や地方政府の債務問題への懸念も高まっていた。そのため、お金＝人民元を何とか海外に持ち出そうとした人は多い。それに乗じて、高値でビットコインを売り、一獲千金《いっかくせんきん》を手に入れようとする動きが進んだ。2017年1月5日には、当局のビットコイン取引への監視強化を受けて、ビットコインの対ドルレートが20％急落するなど、荒い動きが続いた。

こうした動きをうまく利用できると、一獲千金は可能かもしれない。同時に、損を出すリスクもある。ビットコインの取引所は、レバレッジ（お金を借りて、自分が持っているお金以上の投資を行なうこと）のサービスを提供しているところもある。それは一見すると魅力的な取引に見えるかもしれないが、ビットコインの基本的な特性を十分に踏まえたうえで投機を行なうかどうかを考えたほうがよさそうだ。

2・5：仮想通貨のメリット・重要性・デメリット

仮想通貨の潜在的なメリットは大きい

これまで見てきたとおり、ビットコインをはじめとする仮想通貨にはさまざまな特徴があり、賛否両論、いろいろな意見がある。仮想通貨を使うと、決済に伴うコストが抑えられ、それにかかる時間も短くて済む。こうしたメリットへの注目は徐々に増えている。

金融機関以外の企業が仮想通貨ビジネスに参入したり、ビットコイン取引所を運営する新興企業が登場したりと、仮想通貨の出現は金融業界の競争を促進している。それは社会の活性化にもつながる可能性がある。

そして、仮想通貨には中央銀行が存在しない。ドルにしても、円にしても、中央銀行の政策からは逃れることができない。リーマンショック後の世界経済では、中央銀行がどんどん金融を緩和し、お金を銀行に預けても金利がつかない状況が続いた。そればかりか、今では、マイナス金利という、いわば非常事態の金融政策が進んでいる。

この中で、企業や富裕層が銀行にお金を預けると、反対に利子を支払わなければならない状況も出てきた。法定通貨を使い続ける限り、金融政策の影響、当局による監視を回避することはできない。それは、中央銀行によるお金への呪縛《じゅばく》と言ってもよい。

では、なぜマイナス金利という非常事態の金融政策が必要な事態になったか、リーマンショック後の世界経済の状況を概観しておこう。そうすることで、仮想通貨が登場したことの重要性がわかるはずだ。

リーマンショック後の需要低迷

リーマンショック後の世界経済は、どれだけお金を経済に供給しても、思った通りに景気が上向かない状況が続いてきた。それでも、中央銀行は物価の安定などを目指すために、景気対策を打たなければならない。

わが国や米国、そしてユーロ圏などでは、前年同期比での物価上昇率の目標が2%程度と定められている。そのため、物価が徐々に低迷するディスインフレの状態、すなわち、わが国のように広範なモノの価格の上昇率が恒常的にマイナスに陥るデフレ環境の中、中央銀行は、金利を引き下げ、お金を経済に積極的に供給することで、物価の上昇を促《うなが》そうとしてきた。

一般的に景気が悪いと、多くの投資家は「利下げや、国債買い入れによる資金供給策=量的緩和策」が発動されるだろうと、期待する。経済学界でも、「思い切って大量のお金を経済に供給すれば、景気はよくなる」という指摘がなされてきた。これらは、本来、金融の緩和が先行きへの期待を高め、お金を使おうとする意欲を刺激すると考えられてきたことを示している。しかし、私たちが直面する今の経済状況は、必ずしもそうなってはいない。それは、なぜか。

最大の原因は、世界全体の需要が低迷しているからだ。特に、中国の影響は大きい。2008年のリーマンショック後、中国は4兆元（当時の邦貨換算額で60兆円程度）の財政資金をつぎ込んで、インフラ開発や自動車の普及策を進めた。

この結果、確かに、一時的に景気は回復した。同時に、中国では必要とされる以上のモノを作る設備投資が進められ、鉄鋼やセメントなど、多くの業種で過剰な生産能力が蓄積されてきた。本来であれば、政府は不良債権の処理を進めて採算の悪化した企業をリストラし、構造改革を進めなければならない。1990年代半ばから2000年代前半、わが国が経験した不良債権問題を見れば、現状維持ではどうにもならない。中国政府は収益を生む力を落としてきた企業のリストラを進めようとはしているが、あまりに問題が大きすぎるため、小出しでしか対応が進まない。こうして経済成長率は低下傾向をたどり、お金が海外に逃げ出そうとしている。

リーマンショック後の中国経済の回復は、一時の世界経済の回復を支えた。そして、多くの企業が中国ビジネスを強化した。その結果、世界的にも需要は低迷している。その状況下、各国の中央銀行は利下げなど金融の緩和を進めたが、十分な効果は出ていない。それでも、中央銀行は先行きへの期待をつなぎ留め、景気を支えるために、緩和を続けるしかない。

金融政策の限界

その結果、各国の金利は大きく低下し、銀行に預けても十分な利子をもらえない状況が発生している。それだけでなく、金融政策が銀行の収益力を低下させ、金融市場を動揺させる事態すら発生している。これは金融政策の限界と言うべき状況だ。

中国の経済成長率が低下する中で、わが国やユーロ圏では、先行きの財政悪化への懸念から、どうしても金融政策が重視されてしまった。2013年4月には、政府の期待を背負った黒田総裁の下、日本銀行は〝量的・質的金融緩和〟を導入した。これは、短期から長期までの国債を、年間80兆円程度に相当するペースで買い入れ、経済にお金を供給することを意味する。そうすれば、銀行の貸し出し意欲が増え、消費や投資が増えると考えられた。これは、鉄砲水が土砂を一気に押し流すように、お金の量を増やしてデフレを押し流そうとすることに譬《たと》えられる。

それでも、「景気は気から」と言われる通り、投資や消費は思うように増えなかった。これまでのデフレが私たちの財布の紐《ひも》をかなりきつく締めつけてきた。そして、少子化、高齢化が進む中で成長への期待は持ちづらい。金融緩和と言っても、私たちに直接お金が配られるわけではない。そのため、多くの人々が、先行きへの不安から節約を重視した。理論通りの結果が出ないと考える経済の専門家も多かった。

欧州ではギリシャが財政の状況を虚偽報告していたことを皮切りに、南欧諸国の財政への懸念が高まった。一時はユーロの持続性への懸念も高まったほどだ。この状況に対して、ドイツは一貫して財政の立て直しを各国に求めた。その結果、失業率が急増し、各国経済の消費や投資は低迷した。そして、2014年6月、欧州中央銀行は政策金利をマイナスに設定し、短期金利の低下圧力を高めようと〝マイナス金利〟を導入した。わが国も2016年1月に、「検討していない」と言っていたにもかかわらず、マイナス金利を導入した。

これまで、中央銀行は〝ゼロ金利制約〟に直面してきた。これは、「金利はゼロを下回る水準には設定できない」という考えを言う。マイナスの金利を設定すれば、理論上、お金を借りる人が得をする。銀行にお金を預けると、利子を取られてしまうかもしれないからだ。こうしてお金＝法定通貨の人気は低下し始める。

マイナス金利とは、一種の劇薬だ。うまくいくと、金利の低下が投資や消費の意欲

わが国の長期金利の推移〔10年国債(指標債)〕

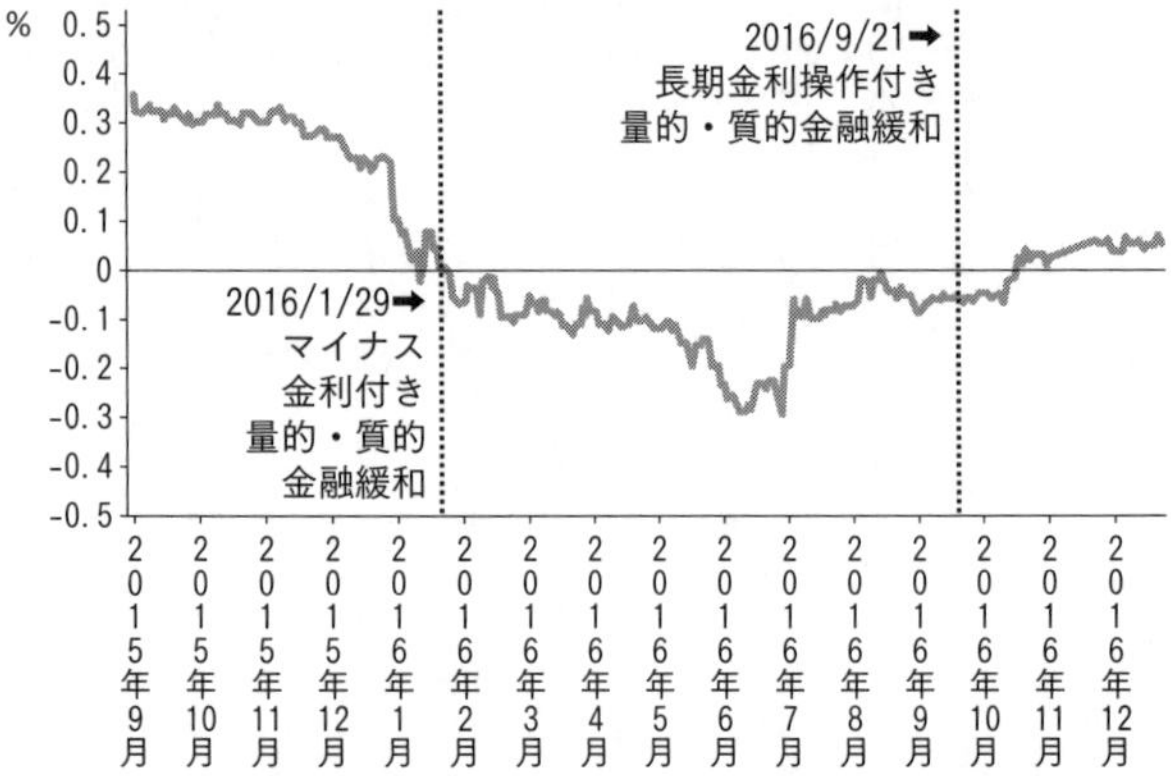

データ出所：財務省

を刺激するかもしれない。しかし、需要の回復が伴わないと、弊害が出やすい。マイナス金利導入後、急速な金利低下が銀行の収益を奪った。２０１６年2月にはドイツ大手ドイツ銀行の信用不安が高まり、世界の株式市場が同時に下落し、各国でリスクオフの展開が進んだ。

そして、機関投資家などには実際にマイナス金利がチャージされ始めた。こうしてマイナス金利政策を批判する人は増え、先行きへの不安も高まってしまった。そして、多くの投資家が少しでも有利な利回りを得ようと、外貨建ての資産などに投資せざるを得なくなった。これは、法定通貨への人気が陰《かげ》り始めたことの表われだ。

ビットコインの登場は必然か

仮想通貨は、こうした中央銀行を頂点とする通貨制度にコントロールされない。それは、マイナス金利に直面し、お金を預けても利子がつかないこと、国債を満期まで持っていると損をすることに不安や不満を感じる人々には、魅力的な存在に映るだろう。

計画経済が行き詰まり、自由・資本主義の経済が残ったように、私たちはどこかで、制約のない状況を欲していると考えられる。リーマンショック後にビットコインが世界に広がり、中国などで人気を集めたのは、ある意味では必然かもしれない。マイナス金利政策が続き、銀行の経営への不安が追加的に高まれば、先進国でも仮想通貨で財産の保全を図りたいという考えは増える可能性がある。

こうした選択の余地が広まることは重要だ。コスト削減などの仮想通貨のメリットは確かに魅力的なポイントではある。同時に、仮想通貨には、通貨発行の自由という人々の根源的な動機が隠れている。いったん、ビットコインが社会に広がり始めると、この動機は今後も高まる可能性がある。

ただ、ビットコインには、解決されなければならないデメリットもある。まず、価値が安定していない。それはビットコインの発行量に制限があり、発行が進むとともに新規のコインのマイニングの難度が上がり、コストがかかり始めることに影響されている。ブロックチェーンは発展の可能性が多いシステムだが、それでも不安な部分はある。

こうしたデメリットは多くの仮想通貨の専門家からも指摘されている。それが解決されれば、円やユーロよりも仮想通貨のほうが使い勝手がいいと感じる人は、かなりのペースで増えるかもしれない。それに伴って、私たちが慣れ親しんできた、お金の使い方、預け方、その管理（金融政策）にも、相応の影響があるだろう。

第三章

仮想通貨の〝肝《きも》〟＝ブロックチェーン

3・1：ブロックチェーンという仕組み

ブロックチェーンとは何か

これまでビットコインとのつながりの中で、ブロックチェーンに関する説明を行なってきた。ここからは視点を変えて、ブロックチェーンという新しいシステムにフォーカスしていきたい。ブロックチェーンのアイディアは、サトシ・ナカモトによって考案されたと言われている。そのため、ブロックチェーンはビットコインだけのシステムだろうと思う人は多い。しかし今では、ブロックチェーンは仮想通貨以外にも、かなりの影響を与える可能性がある。

まず、ブロックチェーンの定義を確認しておこう。それは、不特定多数のネットワークの接合点（ノード）を使い、常に各時点での合意内容が覆《くつがえ》る確率が0になる通信方法の設定（プロトコル）を備えたシステムのことだ。

このシステムでは、デジタル署名とハッシュ関数を使うことで改ざんが検知でき、複数の端末上での同一のデータの保存と利用が可能になる。データは1カ所ではなく、分散して管理される。システムが効率的かつ自律的に契約などを成立させ、その改ざん、分散管理を可能にしたことに、ブロックチェーンの革新があるのだ。

近年、金融とIT技術を融合させた〝フィンテック〟が注目されている。フィンテックにはさまざまなものがあり、ブロックチェーンと関係がないと思われる取り組みもある。アルゴリズムを用いて、高速取引を行なう投資家も増えてきた。それはそれで重要だが、根本的には、フィンテックは、ブロックチェーンの活用の一例にすぎない。その最大のポイントはコストの削減だ。金融業界だけでなく、著作権の保護など、さまざまな分野でブロックチェーンの応用が進んでいる。

なお、ブロックチェーンは、社会に登場してから比較的歴史の浅いシステムと言われている。ビットコインの考案者であるサトシ・ナカモトの実態がよくわかっていないように、ブロックチェーンに関してもいろいろな議論がある。それをすべて紹介するのは困難だ。以下の記述では、現時点で判明している中で、ブロックチェーンの全体像を把握するために必要だと思われるものに焦点を当てたい。

ブロックチェーンを支える技術

理論上、ブロックチェーンを使うとシステム上だけで取引が完結する。2008年にビットコインのアイディアをまとめた論文が公表され、2009年からビットコインの取引が始まった。それ以降、ビットコインを支えるブロックチェーンシステムがダウンしたことはない。

ブロックチェーンに不可欠な技術として、スマートコントラクト、改ざんを防ぐ技術（暗号化など）、合意アルゴリズム、P2Pがある。ビットコインに関する説明でも紹介した技術だが、とても重要なため、復習を兼ねて、今一度確認しておこう。

まず、スマートコントラクトは一定の条件を満たした時に契約を自動で成立させるプログラムのことを言う。あらかじめ、一定の約束事を決めておき、その内容に合致したイベントが発生すると、自動で契約が成立する。これが取引プロセスの自動化や効率化を支えている。

次に必要なものが、改ざんを防ぐ技術だ。具体的には公開鍵暗号方式、ハッシュ関数が使われている。データの送信者は、ハッシュ関数を使って送るデータのハッシュ値（データに演算処理を施して得られる固定長のデータ）を求める。これは、データの指紋と考えればよい。一人一人の指紋が違うように、データごとにハッシュ値も違う。そして、ハッシュ値からもともとのデータを逆算することはできない。

その上で、求められたハッシュ値を暗号化する。それによってハッシュ値の改ざんを防ぐ。その結果、データ一致の信頼度が高められる。

ブロックチェーンは〝分散された台帳〟と言われる。これは、ネットワーク上にあるデータ＝台帳の中身がまったく同じであることを指している。そこで合意アルゴリズムが登場する。ビットコインの場合、計算に平均10分かかるように設計されている。ハッシュ値が規定の条件を満たすまでランダム（Nonce……ナンス、ノンスともいう）な値を入れ続けて作業を繰り返さないといけない。これが合意アルゴリズムを用いた〝プルーフ・オブ・ワーク〟である。そのほかにも合意アルゴリズムにはさまざまなパターンがある。誰かがブロックを改ざんすると、チェーン状に隣のブロック、そのまた隣のブロックと、すべてのブロックのハッシュ値が変わってしまう。

そして、Ｐ２Ｐがデータを管理する。ブロックチェーンではサーバーを用いること

ハッシュ、ナンスを使った〝プルーフオブワーク〟

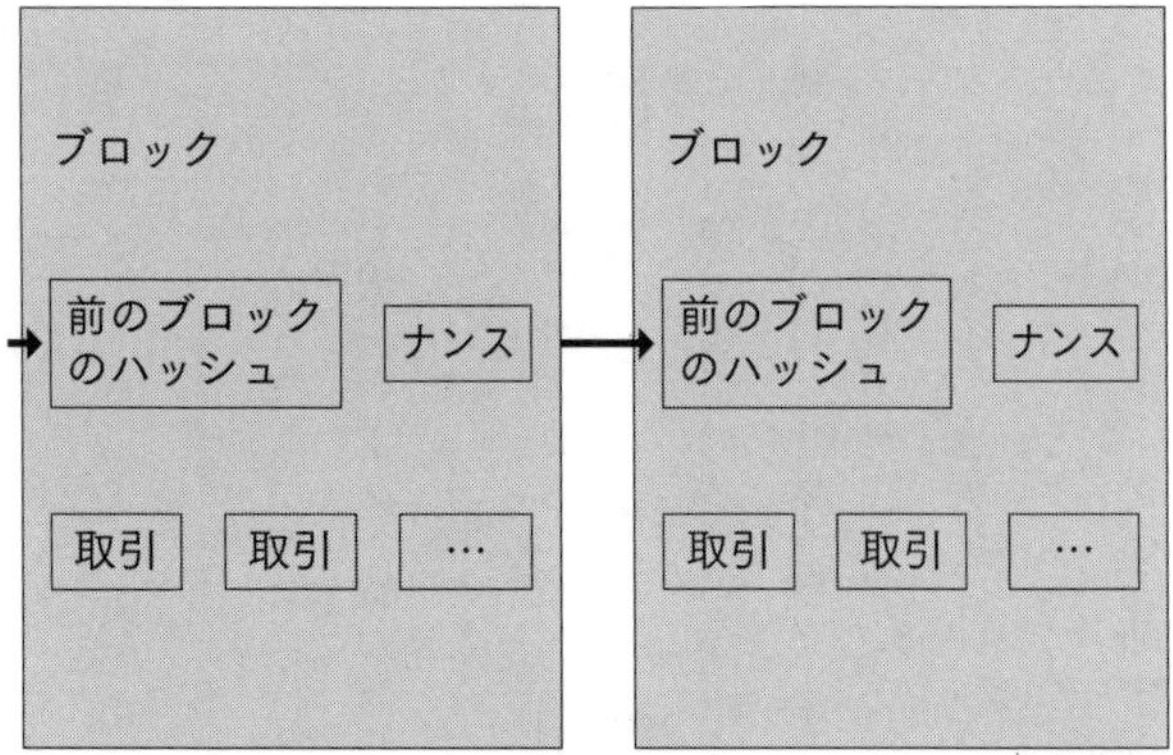

データ出所：http://nakamotoinstitute.org/bitcoin/

なく、各端末（ノード）が相互に交信しあう。こうすることで、ブロックチェーンが複数のノードで管理される。特定のサーバーとクライアント端末をつなぐ場合、サーバーが故障したり、サイバー攻撃を受けると、全システムがダウンする。これに対してＰ２Ｐでは、一つの端末がダウンしても、ほかのノードにデータが管理されている。そのため、途切れることなく契約やデータの作成を行なうことができる。

信用の重要性

スマートコントラクト、改ざんを防ぐ技術（暗号化など）、合意アルゴリズム、Ｐ

2P、こうした技術を組み合わせることで、ブロックチェーンは自律的にデータを管理し、台帳を書き換え、チェーンを延ばしていく。あたかも、システムの中で誰かが情報の正しさを逐次判断し、契約してもよいかどうかを決めているようなイメージを持つ人もいるかもしれない。しかし現実にはそのようなことをする人間がいるのではなく、理論上、ブロックチェーンの技術を応用することで、人と人が商業銀行を介《かい》したり、中央銀行の監視を受けることなくコインをやり取りする。それだけでなく、契約などもシステムの中だけで完結することができる。

現実の社会は、やや異なる。「うそつきは泥棒の始まり」と言われるように、人と人の信用は大事だ。そのため、ビジネスなどではシステムの中だけで契約を成立させるのは難しい。インターネットは取引にかかる労力を削減した。それでも、すべての契約工程を、ネットワーク上で完結できる環境は、いまだ開発段階にある。

たとえば、海外の企業と契約する場合、所定の文書に情報を記入し、電子ハンコなどを用いてサインし、それをEメールで送っても契約は成立しない。そもそも、海外ではわが国のようにハンコを押して書類の正当性を証明するという習慣もない。実際に、所定の書類を印刷して、しかるべき責任者が直筆でサインし、その書類を航空便などで送る必要がある。その際、しかるべき人物が何者か、パスポートのコピーを提出するよう求められることもある。これには手間もコストもかかる。

住宅ローンを借りたことのある人なら、購入する家の設計図や登記に関する書類をそろえて、銀行の窓口に出向いた経験をお持ちだろう。住民票や戸籍謄本などを取得する際、代理の人に頼むと、いろいろと面倒が多い。自分で行っても本人確認を求められる。

なぜこうした手続きが必要なのだろう。それは、今日の経済が〝信用〟に基づいているからだ。特に、契約を行なう場合になると、サービスを提供する側は、契約する相手がどのような人なのか、しっかりと調べなければわからない。

クレジットカードを使う場合もそうだ。街で見知らぬ人に「クレジットカードを見せてください」と言われてその場ですぐ見せるだろうか。一方で、アップルストアなどで買い物をする際は、何の不安もなく私たちはクレジットカードの番号を入力している。アマゾンや楽天を使う場合も同様だ。それは、「アップルは有名な企業であり、信頼できる」からだ。そのため、多くの企業がインターネット決済などを用いる際に、ＳＳＬ認証という通信暗号化技術を導入している。現代社会では信用がないと経済取引は成立しづらいということが言えるだろう。

こうした一般的な経済取引の実情を考えると、経済取引を円滑に進めるためには、相互の信用は大切だ。そして、ブロックチェーンはこうした信用を自動的に満たす理論を備え、自動で契約が進められるようになった初めてのシステムだと考えられている。

3・2：ブロックチェーンが持つすさまじい影響力

誰でも参加できるという不安

ブロックチェーンシステムはＰ２Ｐのテクノロジーを用いて運用されている。そして、このＰ２Ｐシステムには誰でもアクセスすることができる。そのため、不用意にデータが拡散してしまうという不安が付きまとう。

わが国でもＰ２Ｐシステムを使ったファイル共有ソフト、ウィニー（Winny）を使った違法なファイルの共有が問題になった。ウィニーは通信を暗号化し、データを拡散する際に一部のコンピューターに断片的なキャッシュを残して、データの転送速度を高める機能を備えていた。2002年にウィニーがインターネット掲示板の2ちゃんねる上に広がった時、こうした機能はかなり先進的だったと言われている。そのため、瞬《またた》く間《ま》にウィニーはネットユーザー間に拡散した。

こうした先進的なP2Pソフトの開発は、データ通信を効率化するためには欠かせない。問題は、そのソフトを使う人が、良識や法の遵守を意識しているとは限らないことだ。マウントゴックスの経営者然《しか》りである。実際、ウィニーを使って映画を丸ごとインターネット上に公開したり、ウィニーに関連したウイルスが開発され、警察のデータが流出するなど、さまざまな問題が起きた。

これは、システムそのものが社会にとって悪影響をもたらしたわけではない。問題だったのは、悪意ある人の侵入を防げなかったことだ。

ビザンチン将軍問題とは何か

中央にデータを集約して一元管理を行なうサーバーを置かないP2Pシステムでは、ウィニーソフトの悪用のように、いつ、誰が、悪意ある行為を行なうかわからない。分散型のシステム運用を行なう上で、悪意ある行為を防ぐのは難問と考えられてきた。これを〝ビザンチン将軍問題〟という。多くのコンピューターサイエンスの専門家たちが、この問題をいかにして解決するか熟考してきた。

ビザンチン将軍問題とはどのようなものかを、説明しよう。ビザンチン帝国の将軍9人が、それぞれの軍勢を率いてある町を攻撃しようとしていた。ここで、将軍たちはどう町を攻め落とすか、攻撃計画の合意を取り付けたいと考えている。町を手に入れるためには、過半数以上の将軍が攻撃に参加しなければならないとしておこう。単純な多数決で全体の意思決定を成すことが最善の方法である。

そこで、将軍たちは互いに攻撃するかどうか、メッセンジャーを送り合って、それぞれの考えを伝え合う。その結果、4人の将軍は攻撃に賛成し、別の4人は撤退したいと考えていることが分かった。

ここで9人目の将軍が、裏切者だったとする。彼は、攻撃に賛成の将軍らには「攻撃に加わる」と伝える。一方で撤退したい将軍には「自分も逃げたい」と伝える。これを聞いた攻撃賛成派の将軍たちは、過半数の将軍が攻撃に加わるから町を落とせると判断して、攻撃を行なう。しかし、実際には攻撃に加わった将軍は4人だけであるため、戦《いくさ》に負けてしまう。これは、裏切者によって他の将軍が欺《あざむ》かれることを意味する。

このように、複数の人が混ざって一つのことを決定する場合、悪意のある人が周囲をだます恐れがある。そのため、信用できない人同士が一緒に、一つのことを作業するのは困難だと考えられてきた。多数決ではなく、全員が合意＝データが一致することが欠かせない。

これをP2Pネットワークに当てはめると、一部のノードが故障したり、悪意ある者によって情報が書き換えられてしまうと、ネットワーク全体にウソの情報が広がる恐れがある。その結果、正しく行為できるかどうか、不安が残る。ビットコインのために設計されたブロックチェーンでは、プルーフ・オブ・ワークを採用することで見事に〝ビザンチン将軍問題〟を解決した。

信用性を必要としない

理論上、ブロックチェーンがビザンチン将軍問題を解決したことは画期的なことと言われている。なぜなら、信用性を確認しなくても、取引を成立させることができることが証明されたからだ。この、信頼性を伴わずに合意を形成することを〝Trustless〟と呼ぶ。

一部、例外も存在する。誰かが、ブロックチェーンを使って取引を成立させる仕組み＝プロトコルを書かなければならない。この点で、ビットコインの考案者と言われるサトシ・ナカモトはどこの誰だかわからない。そのため、ブロックチェーンが機能するためには、プロトコルを設定する人が、出自を明らかにする必要がある。反対に、プロトコルの設定が不明なＰ２Ｐネットワークがあれば、それは信用されなくなるだろう。

それでもトラストレスなシステムであるブロックチェーンを使うことで、今後の経済活動には大きな展開が期待できる。ビットコインの取引は、仮想通貨というお金のようなものを取引して、一定の購買力をやり取りすることだ。それに加えて、モノを所有したり、サービスの提供を受ける権利をオンライン上で移転することができるようになる。

こうなると、個人と個人がブロックチェーン上で取引を行ない、必要なモノを手に入れることが増えるだろう。企業は、従来のように、モノを仕入れて店舗で売るだけでは生き残れなくなる可能性がある。産業構造にはかなりの影響がありそうだ。

ブロックチェーンがもたらす産業構造の変革

2016年4月に経済産業省が発行した『平成27年度 我が国経済社会の情報化・サービス化に係る基盤整備（ブロックチェーン技術を利用したサービスに関する国内外動向調査）報告書』では、ブロックチェーンがもたらすインパクトを報告している。

まず、シェアリングエコノミーのサービス提供業者がいらなくなる可能性がある。民泊やライドシェアなどは、Airbnb や Uber などのサービスプロバイダーが存在することで成立している。ブロックチェーンがこうした業界に入り込むと、最終的には消費者と消費者（C2C：Consumer to Consumer）が取引を行なうことが可能になると想定されている。

また、〝プロシューマ〟の存在感が大きくなる可能性もあるという。プロシューマとは、プロデューサー（生産者）とコンシューマー（消費者）を合わせた造語で、自分が欲しいと思うモノやサービスを自分で考えて、生産者やプロバイダーに提供を求める消費者のことを言う。プロシューマが台頭すると、人々は自分が欲しいと思うモノを直接、生産者に求めることが増え、従来の物流や小売りの形態が変わる可能性がある。プロシューマが増えると、消費者とアマゾンなどのインターネット商取引業者の存在意義も薄れる可能性がある。

そして、在庫管理の効率化も期待される。川上の製造業者、川中の卸売業者（商社）、そして、川下の小売り店舗の在庫情報は分断されている。ブロックチェーンを用いることで、川上から川下までの在庫状況を逐次共有することができる。

そのほか医療サービスの向上にもつながるだろう。ブロックチェーン上に患者のカルテを保存することで、複数の医療機関が単一の情報源から患者の症状、病歴を確認し、治療に役立てることができる。それは、異なる医療機関を跨《また》いで、患者が求める医療サービスを提供する基盤になる。

このようにプライバシーに配慮しつつブロックチェーンを応用することで、産業社会の構造変化を促《うなが》すことができるだろう。ブロックチェーンにさまざまな問題や改善点があることも確かだが、潜在的なインパクトはかなり大きい。

3・3：ブロックチェーンとイノベーション

ブロックチェーンはイノベーションだ

ブロックチェーンを用いることで、ビザンチン将軍問題が解決できたことは、コンピューターテクノロジーにおける大きな飛躍だ。ブロックチェーン技術の登場は、金融機関での決済コストの低減だけでなく、社会全体の効率性も引き上げるだろう。それは、社会インフラにもイノベーション＝創造的破壊をもたらすと考えられる。

２０１６年5月に行なわれたロンドン市長選挙では、労働党のサディク・カーン下院議員が当選したことが注目を集めた。カーン氏はパキスタン系イギリス人であり、イスラム教徒として市長に当選した初めての人物だ。このカーン氏と市長選を戦った候補者の中に、元労働党の下院（庶民院）議員だったジョージ・ギャロウェイがいた。

ギャロウェイはブロックチェーンの有用性に着目し、〝MayorsChain〟と名付けたブロックチェーンシステムを用いてロンドン市の予算の使い方を可視化すると主張した。そして、ブロックチェーンの管理コストが従来のシステムの費用よりも安いため、５％（約15億円）のコストカットが可能と主張した。そして、ギャロウェイは市民が項目ごとの予算削減方法を提言し、それを他の市民全体と共有することも提案した。

実際、行政にブロックチェーンを取り入れた国もある。ＩＴ先進国の道をひた走るバルト三国の一つ、エストニアは、ブロックチェーンを使って行政を運営している。政府はデジタル化の推進を目指し e-estonia.com（https://e-estonia.com/）というウェブサイトを運営している。それを見ると、エストニアがＥＵの中で最もデジタル社会の実現に力を入れてきたことなどが紹介されている。

すでにエストニアでは個人情報を暗号化したIDカードを発行し、ブロックチェーン上でデータを管理している。このIDカードを使うことで、選挙の投票や納税、医療、企業設立などの業務を効率化している。そして、外国人向けにもイー・レジデント（e-resident）というIDカードを発行している。このIDはブロックチェーンで管理されている。そして、イーレジデントを使うことで、外国人であってもエストニアで事業申請を行なうことができる。なおエストニアでは外部への利益移転がない限り、企業の所得は課税されない。

政府の取り組み支援が不可欠

このように考えると、ブロックチェーンが応用できる範囲はかなり広い。「ブロックチェーンはインターネットに匹敵する影響力を持つ」と言われるのにも納得がいく。これを社会全体に応用するには、サイバー攻撃をどう防ぐかなど、対策を考えなければならない点は確かにある。それでも、行政コストが下がり、社会とインターネットが連動することでライフスタイルそのものが効率的になることは、大きな魅力、可能性を秘めている。

１９９０年代初頭の株式と不動産のバブル崩壊以降、わが国は長引く景気の低迷、デフレ経済に直面してきた。安倍政権は〝金融政策一本足打法〟とも言われるほど、金融政策を重視して、緩和策を進めてきた。それでも、デフレを克服できてはいない。

この状況から抜け出すためには、各界から、産業構造の変革を進める必要があるとの指摘が出てきた。そこで政府は構造改革を進めようとはしてきたものの、現在のところ、既得権益者の抵抗などを受けて十分に踏み込めてはいない。

そこで、ブロックチェーンを活用した行政運営や遊休資産の活用、医療などのサービスなどを試験的に始めていくというのは意義のあることだろう。すでに個々の企業はブロックチェーンの有用性に着目して、金融、データ管理、知的財産の保護など、いろいろな面で取り組みを進めている。重要なことは、政府が技術の方向性とその有効性、リスク、デメリットなどを認識した上で社会をどのように支えていくか、中長期的なビッグピクチャーを示すことだ。

ブロックチェーンはビットコインに固有のものではない。金融業界だけにとどまる技術でもない。それは、行政、生産活動、サービス、そして消費など、さまざまなインダストリー、社会サービスとつながることで、より効率的なヒト・モノ・カネの管理と運用を可能にする。

このように考えてみると、ブロックチェーンがもたらす便益は、自動的な契約の成立を可能にすることを通した〝スマート〟さの追求にある。この点で、スマートコントラクトが可能になったことこそが、ブロックチェーンの革新性を示しているとも考えられる。スマートフォン、スマートシティなど何かとスマートが特定の名詞の頭につく時代になった。このスマートとは、ＩｏＴ（モノのインターネット）などの情報技術を使い、私たちの生活の質を高めようとすることと考えればよい。

たとえば現在大手自動車メーカーやＩＴ企業が注力している自動運転の技術をブロックチェーンに組み込めば、インターネット上で購入した品物を、自動運転の配送車が運び受け取ることも可能になるだろう。購入から、モノの配達、受け取りまでは、スマートコントラクトを使って各プロセスは人員を介さず、自動的に成立する。こうした技術が実現するためには、まだ時間が必要だ。実現すれば、人でなければならないこと＝感情や配慮が必要な分野などで労働力を有効に使うことができる可能性がある。こうした可能性を官民で議論し、実際に応用する取り組みを進めるべきだ。

フィンテックとブロックチェーンの融合

最後に、ブロックチェーンとフィンテックの関係を説明しておこう。ＩＴ技術の発達、スマートフォンやタブレットＰＣの普及を受けて、コンピューターテクノロジーは身近な存在になってきた。それに伴って、金融業界ではＩＴ技術を駆使して金融サービスの質を高め、より効率的な業務運営を目指そうとする動きが進んできた。それがフィンテックだ。

大手の銀行や証券会社が、フィンテックの研究に着手し始めている。これに伴って「フィンテックは金融業界の革新的取り組みだ」との見方も増えている。確かにそうだ。中には、フィンテック関連の銘柄を集めた投資信託まで登場している。

フィンテックは、資金運用、運用助言（コンサルティング）、決済、資金調達（クラウドファンディング）の４つのタイプに分けられる。資金運用では、ＡＩ（Artificial

Intelligence：人工知能）を用いたトレーディングが注目されている。コンサルティングは、アプリが資産配分（アセットアロケーション）をアドバイスしてくれる。

決済は送金コストなどの低減につながる。そして、資金調達では不特定多数の人がインターネットで、他人や企業に資金を提供することが普及している。これをクラウドファンディング、ないしはソーシャルファンディングと呼んでいる。クラウドは群衆を意味する言葉である。

この中で、ブロックチェーンと密接な関係があるのは決済に関する分野だ。それ以外は、情報テクノロジーの一部を応用した技術である。形は違えど、人工知能を用いた資金の運用は以前から行なわれていた。そして、人工知能の応用は、モノのインターネット（IoT）、ロボット技術、自動運転など金融業界以外での応用のほうが、社会に与えるインパクトは大きいかもしれない。

アセットアロケーションに関するサービスも、アプリを通してではないが、伝統的な金融サービスの一つだ。そのため、「フィンテック＝新しい技術」と考えすぎないほうがいいように思う。少なくとも、私たちの暮らしを根本から変えてしまうようなインパクトはないように思うのだ。むしろ、そうした個々の取り組みがどのようにブロックチェーンと融合していくかを考えるべきだろう。

それよりも重要なのは、ビットコインの登場をもって、中央銀行に管理されたお金を使わなくても買い物や送金ができるようになったということだ。すでに国内外の銀行は、独自の仮想通貨を作って、決済に利用できる仕組みを作り始めている。こうした銀行の仮想通貨が普及し始めれば、これまでのお金の概念は大きく変わる。債券の取引など、金融市場にもかなりの影響が出るだろう。

3・4：ブロックチェーンの危険性＝デメリット

ーＩＴに関する基本的な不安

ブロックチェーンが金融業界だけでなく、行政、一般企業、そして私たちの暮らしに与える影響を考えると、その技術は新しい社会を創造することが可能だという、期待が湧いてくる。その一方で、ブロックチェーンは完全無欠の、１００％信頼できるシステムではない。いくつかの問題や危険性が存在することは忘れてはならないだろう。

理論的にブロックチェーンは自律的な合意と分散、そして共有が可能であり、データの改ざんは行なえない。それでも、インターネット上には常に新しいウイルスやサイバーテロのリスクが潜む。そのリスクをゼロにすることは難しい。同時に、人々の心の中にもそうした不安はあるはずだ。

先に紹介したエストニアの電子国家への取り組みにおいて、どのような危険性があるかを見てみよう。同国では有権者の20～25%が電子投票（E-voting）を使っているとされている。独立した機関による報告（Independent Report on E-voting in Estonia https://estoniaevoting.org/）では、２０１３年の地方選挙を材料に、どのように電子投票が管理されているかを検証した。

この結果、選挙管理人が基本的な情報セキュリティーの重要性を十分に理解していないことが、明らかになった。中には、セキュリティーが万全でないインターネット環境から投票に関するソフトウェアをダウンロードし、個人のパソコンから投票システムを有権者に配布していた選挙管理人がいたことも明らかになっている。

　これは、システムそのものの不備ではなく、ユーザーの理解の欠如に関するリスクだ。それでも、社会全体にブロックチェーンネットワークを浸透させ、活用していくためには、個々のユーザーのＩＴリテラシー、セキュリティー教育を充実させることが欠かせない。それができないと、画期的なシステムを構築したとしても、使い手が十分に育っていないという不備が発生し、結果的にシステムの導入が意味をなさなくなってしまう。

ブリュワーの定理

　ブロックチェーンは端末（ノード）と端末が相互に通信しあうことで、中央に統一した管理システムを置かなくても二重支払いや改ざんを防ぐことを可能にしている。そして、システムは自律的に契約を成立させて、正しい情報を書き込み、ブロックを延伸する。

　実際にビットコインのブロックチェーンは一連のプロセスを自律的に遂行し、完結させている。それでも、ブロックチェーンが完全無欠なネットワークシステムというわけではない。

分散型のネットワークの制約に関する定理として、〝ブリュワーの定理〟がある。これはＣＡＰ定理とも言われる。この定理は、すべてのノードで次の３つを同時に成立させることはできないという考えだ。その３つの機能は、データの一貫性(Consistency……同じ情報でなければならない)、可用性(Availability……単一障害がなく、一部のノードがダウンしてもそのほかのノードが常に応答する)、分断耐性(Partition-tolerance……通信障害によってメッセージが損失されても、システムは機能する)ことを指す。

一般的に、ブロックチェーンは可用性と分断耐性を満たしていると言われている。その一方で、一貫性については、常に成立しているとは言い切れない。それは、確率論的にデータの一貫性が保たれていると考えられるからだ。

１００％データの一貫性が確立されていないと考えられることは、ソフトフォークのリスクがあることと言い換えられる。ソフトフォークとは、新しいルールが導入さ

ブリュワーの定理

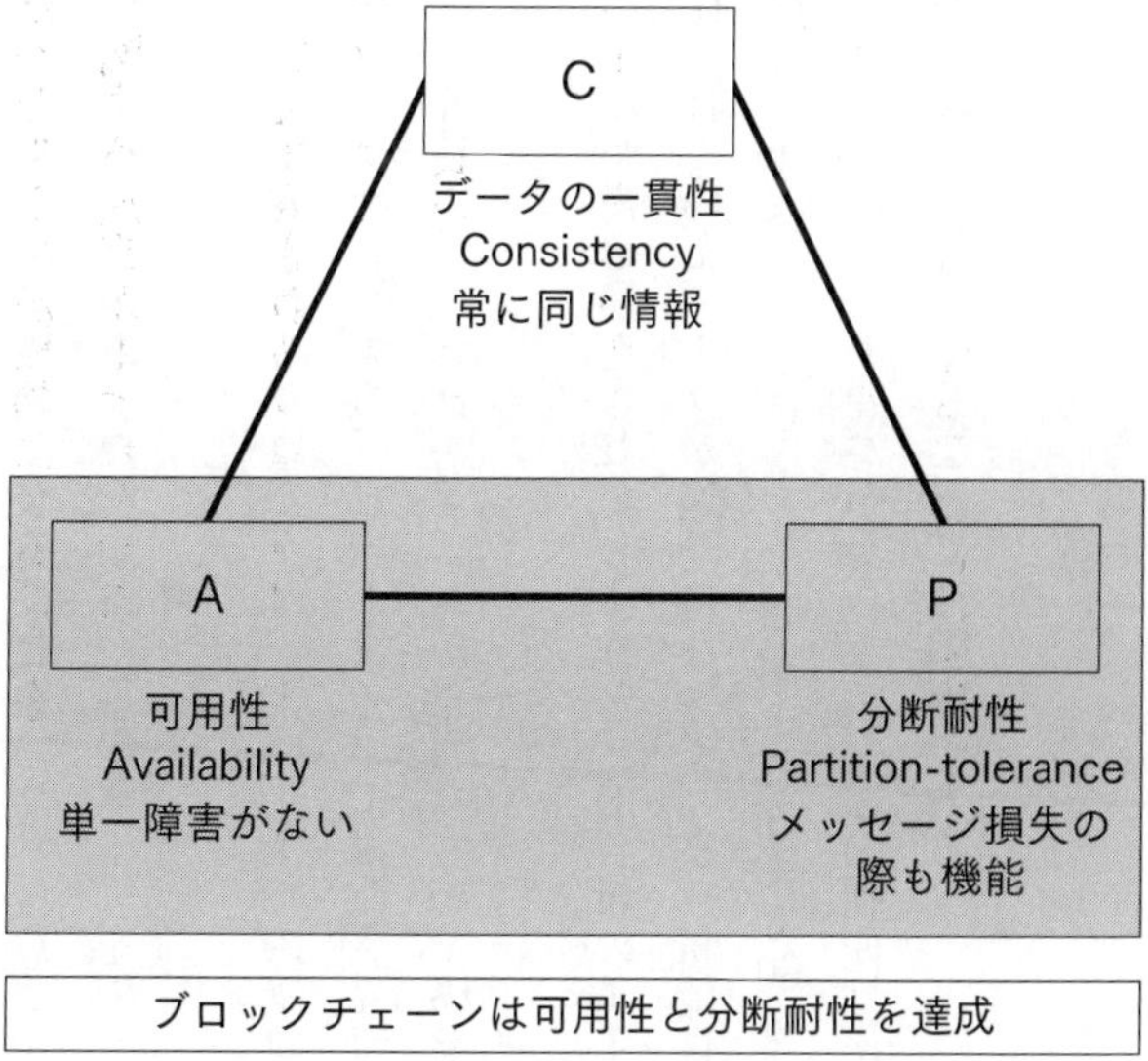
C
データの一貫性
Consistency
常に同じ情報
A
可用性
Availability
単一障害がない
P
分断耐性
Partition-tolerance
メッセージ損失の
際も機能
ブロックチェーンは可用性と分断耐性を達成

れた時に以前は有効だったルールが無効になることをいう。合意アルゴリズムのルールにデータのサイズに関する規定があったとする。このサイズを引き上げるとしよう（ルールの変更）。

新しいルールに基づいて生成されるブロックは、古いルールのブロックと合致していない。このため、ブロックは分岐する。ビットコインでは改ざんなどが行なわれるとブロックが分岐し、一番長いブロックチェーンが正当なものであると考えられてきた。

しかし、ひとたびルールが書き換えられてしまうと、旧、新のルールが分岐してしまい、古いルールで作られていたデータが無効になってしまう可能性がある。このため、ビットコインの場合、すべてのブロックが同期されるまで60分（6ブロック分）待ったほうがよいとされる。送金に手間がかからないなどの利便性があることは確かなものの、瞬時に取引の成立を確認することには限界がある。

さまざまな技術的課題

こうしたコンピューターサイエンス上の制約が解決されていないことに加え、技術的な問題もある。

たとえば、ブロックチェーンに管理されるデータが増えるにしたがって、パソコンの演算能力の制約が問題になったり、消費電力が思った以上に増えてしまうかもしれない。その結果、想定された通りの時間で取引が成立しない、という恐れもある。これを防ぐためには、ネットワークの容量を拡充したり、処理能力の高い端末を稼働させなければならない。

また、個人情報をどこまで保護できるかという懸念もある。ビットコインの場合、誰がいくらのお金を持っているかという具体的な情報は開示されていない。わかっているのは、コインの発行量、それがいくら、どのアドレスに分布しているか、ということだけだ。

しかし、エストニアのように個人に電子管理されたＩＤを付与する場合には、ブロックチェーン上で、すべての個人情報が管理されることになる。そこでは出自、職業、年収、学歴、犯罪歴など、プライバシーをどう守るかが課題になる。ブロックチェーンは分散された自律型のネットワークであり、各ノード間で同じ情報を管理することができる。それが、ネットワークの透明性を確立している。

その裏返しとして、他人には知られたくない情報が知らない間に第三者に知れ渡ってしまう恐れがある。これは特許や知的財産の管理などにもかかわることであり、企業の活動にとっても解決されなければならない課題だ。

スマートコントラクトが常に、正確に起動するかにもリスクがある。想定されていた以上に複雑な契約内容だったり、これまでに普及していなかった概念、サービスが登場した際、システムが正確に起動し、コントラクトを成立させることができるかは不安が残る。

DAO事件

2016年5月、ドイツにあるブロックチェーンのスタートアップ企業（起業したばかりの企業）、Slock.it社は、The DAO（(Decentralized Autonomous Organization：分散型自律組織、以下ＤＡＯ）の実証実験を行なうために、仮想通貨を発行している企業、イーサリアムのブロックチェーンを使って資金調達を行なった。資金の調達はイーサリアムの仮想通貨〝イーサ（ＥＴＨ）〟で行なわれ、集まった金額は１・５億ドル（１５０億円程度）に相当する額だった。

６月に問題が発生した。ハッカーがイーサリアムのブロックチェーンの弱さを見つけ、ＤＡＯに集められた資金の一部を別のところに移送してしまった。この時、ＤＡＯから移された（流出した）金額は約50億円に上った。

このハッカーと思われる人物は、「ＤＡＯの設定を理解した上で、ＤＡＯを分割することができることを知った。その上で、ＤＡＯスマートコントラクトにしたがって、ＤＡＯのお金を移したにすぎない」と主張した。

この事態を受けて、イーサリアム側は流出した資金を回収するために、新しいプログラムをすべてのブロックチェーンに適用することを決定した。この結果、仮想通貨であるイーサリアムは、古いバージョンと新しいバージョンの２つが並走している。

ＤＡＯの資金流出の問題は、スマートコントラクトをどうガバナンスしていくかという根本的な問題を確認する機会になった。この件では、分割の機能があったため、イーサリアムサイドには流出、ハッカー側には正当な資金の移動、という意見の対立が引き起こされた。

3・5：ブロックチェーンの今後の発展

民間が進めるブロックチェーンの普及

これまで記述してきた内容をまとめよう。

ブロックチェーンは分散した自律型のシステムであり、スマートコントラクト、暗号技術、合意アルゴリズム、P2Pを組み合わせて、トラストレス＝当事者間の信頼性を必要としないシステム運用を可能にした。これによって、経済取引やサービスの提供などを当事者間で簡潔に行なうことができるようになった。

これからは行政の分野でも、コスト削減などのために徐々にブロックチェーンの導入が進む可能性がある。DAO事件のような例もあるため、この分野での導入は慎重に進められるだろう。

一方、民間企業のブロックチェーンへの関心は日に日に高まっている。特に、金融に関する分野では、ビットコインの取引などを通して仮想通貨への関心が高まり、決済事務の効率化やコストの削減が期待されている。

今後の発展の方向性を考える際、ブロックチェーンのタイプごとに考えてみるとわかりやすいかもしれない。ブロックチェーンには許可型ブロックチェーン（プライベート・ブロックチェーン）、非許可型ブロックチェーン（パブリック・ブロックチェーン）の2種類がある。ビットコインの場合、誰でもマイニングに参加することができるパブリック・ブロックチェーンを使っている。イーサリアムも同様だ。

許可型ブロックチェーンは、許可された人がノードに参加できるタイプのブロックチェーンをいう。許可型のブロックチェーンでは、すべてのノードを管理する人、組織が存在する。その人の許可を受けることでノード（パソコン）が加わり、取引の承認を行なうことが可能になる。

そのため、取引が成立するためにかかるコストを節約したり、所要時間を短縮することができる。また、情報の管理に関しても、許可されたものしかノードに参加できないため、情報の拡散を防ぐことができる。これは分散の程度が低いことの裏返しだ。また、管理者の権限によってスマートコントラクトの仕様を変更することもできる。民間企業がブロックチェーンの開発を進める場合、まずは許可型のブロックチェーンから研究が進むことになるだろう。

許可型のブロックチェーンの発展形として、コンソーシアム型のブロックチェーンがある。コンソーシアムとは個人や企業、特定の集団、政府などからなる団体のことを言う。ブロックチェーンの管理を2つの銀行が共同で行なっている場合などが、コンソーシアム型ブロックチェーンだ。

ブロックチェーンのコンセプト、理論的に確立された技術は、社会全体を変革する威力を持っている。しかし、先に見たブロックチェーンのガバナンスの問題に対応した法制度や行政、人材育成が進むにはまだ時間がかかる。そのため、当面は、プライベート・ブロックチェーンの開発や研究が進み、徐々にコンソーシアム型のブロックチェーンに移行していくことが見込まれる。

分散か集中か

プライベート、ないしはコンソーシアム型のブロックチェーン構築が進む中で、多くの企業は先行者利得を得ようと、力を入れている。こうした競争が進むと、特定の企業がブロックチェーン業界を牛耳《ぎゅうじ》るのか、それとも、統一された基準・ルールに沿って各企業や政府などがブロックチェーンを運用していくか、2つの展開が考えられる。

インターネットの検索サービスは、事実上、アルファベット社傘下のGoogleの独占状態にある。欧州委員会は同社が独占禁止法に抵触しているとたびたび主張している。この背景には、マイクロソフトやノキアなどがGoogleを批判していることがある。マイクロソフトなどにしてみれば、Googleが大きくなりすぎたために自社の製品へのアクセスが減り、競争上の公平さが保たれていないというのが、彼らの言い分なのだろう。

この問題は冷静に考える必要がある。Googleが検索をはじめ、メールや地図、スマートフォンのアプリケーション（Android）などでシェアを伸ばしてきたのは、同社のサービスが圧倒的な支持を受けたからだ。文書作成や計算のためのスプレッドシートも、無料で公開されている。反対に、マイクロソフトはＯＳシステムに搭載されたワードやパワーポイントといったソフトの販売を重視し続けた。これは、戦略が企業の優劣を決したよい例だ。

一方、独占が進むといろいろな問題や懸念も出る。一部の企業が市場を独占してしまうと、競争が進みづらくなったり、不当に高い価格でユーザーが製品やサービスを買わなければならなくなる恐れがある。

特に、Googleは、一種の社会インフラ化しているとも言えるだろう。Googleのサービスがなければ、電話を使ったり、メールも送れないという状況に直面する人は多いはずだ。一つの企業が市場への支配を強めてしまうと、その企業の経営が混乱したり、自然災害などが発生してシステムが故障した時、広範囲に影響が広がってしまう。

たとえ企業の努力の結果だとしても、基本的に、過度な独占は好ましくはない。できるだけ公平な競争環境を整備していくことが欠かせないはずだ。そのためには、国内外でサービスの規格を標準化していくことが求められる。

分散のためには標準化が欠かせない

ブロックチェーンの発展は、社会全体にかなりの影響を与える。そこで一つの企業に市場を独占する力が集中してしまうと、その企業の経営方針が多くの人々の生活を左右することになりかねない。それは望ましい状況ではない。互換性、相互の補完性を備えつつ、各企業がブロックチェーンシステムを運営し、サービスを提供することが望ましい。

国際標準化機構（ＩＳＯ）では、オーストラリアが事務局となってブロックチェーンの定義、システムの相互の運用、個人情報の保護、セキュリティーに関する標準化が進められる予定だ。

今後、ブロックチェーンは民間企業の努力によって発展していくだろう。そして、その中でコンソーシアムが組まれ、より広範囲にブロックチェーンを運用して、企業間での分散、合意、共有が進むと考えられる。

ところで、わが国のブロックチェーン開発は、諸外国に比べてかなり遅れている。フィンテックへの投資額を見ても、中国の投資額はわが国の5倍、インドはわが国の10倍超と言われている。ブロックチェーンの流用と言えるフィンテックでもこれほどの差がついているのが実態だ。

この状況がこれからも続くと、かつてスマートフォン開発に乗り遅れたように、わが国はテクノロジーの進歩に乗り遅れ、ガラパゴス化しかねない。今後進むと考えられる標準化の中で国内の企業が開発した技術がモデルになるように、わが国は各企業の取り組みを支援し、ブロックチェーン開発競争の先陣を切る覚悟が、どうしても必要だ。

具体的な取り組みとして、官民のプロジェクトを立ち上げ、ブロックチェーンを用いた都市デザイン、行政運営など、各種実験を進めるべきだ。そして、グローバル競争に勝ち残るためには、海外のスタートアップ企業や大手企業のノウハウ、実験成果を国内で活《い》かすことを模索することも欠かせない。そうした取り組みを進めて、わが国の成果が世界の標準化の基礎となるよう、取り組みを加速させる必要がある。

第四章

銀行が要《い》らなくなる日

4・1：ブロックチェーンは銀行にとっての劇薬

ブロックチェーンが銀行に与える影響

ビットコインの出現を支えたブロックチェーンの技術は、銀行にとって〝劇薬〟と考えられる。劇薬とはもちろん、その効果が激しく、使い方を誤ると命にかかわることもある薬のことだ。サトシ・ナカモトによってブロックチェーンの技術が確立されたことは、これまで銀行が行なってきた国内外の送金を取り巻く環境を一変させる可能性がある。どの銀行も、うかうかしてはいられない時代になった。

銀行の基本的な役割には、お金を管理する（預金）、お金を貸し出す（信用創造）、そして、お金を決済する機能がある。特にブロックチェーンが大きな影響を与えると考えられているのが、お金を決済する分野だ。そのほかの分野でもブロックチェーンの研究は進んでいる。

ここで、仮想通貨が各国のお金の価値を代替でき、その価値が変わらないとしよう。たとえばA銀行が独自の仮想通貨を発行して、1仮想通貨＝100円の価値を持つとする。B銀行も独自の仮想通貨を作り1仮想通貨＝100円の価値を持つとしよう。そうすると、A銀行とB銀行は、システムさえ動けばお客さんのリクエストに従ってお金を送り、受け取ることで決済を成立させることができる。

そして、銀行はこの取引を、ブロックチェーンを用いて管理、記帳する。ブロックチェーンの特徴は分散型の、自律的なネットワークシステムが、データの合意（一致）、分散、共有を実現することだった。だから、真夜中でもお正月でもお盆でも、システムさえ動いていればお金のやり取りは済んでしまう。

「そんなの当たり前だろう」と言われるかもしれない。確かに、イメージしてみれば、A銀行がB銀行に1仮想通貨＝100円を送り、相互に入出金を記録するだけだ。しかし、現実には実際の社会では、かくも簡単に資金の移動はできない。

決済の仕組み

決済とは、お金を用いて支払いを行ない、取引を終えることをいう。金銭上の債務、債権の関係を清算することも、これに該当する。

この決済の仕組みは、国内、国外のパターンごとに、銀行間をまたぐ大きなシステムを使って行なわれている。国内では〝全国銀行資金決済ネットワーク（全銀ネット）〟が資金の決済を成立させている。海外への送金など国と国をまたいだ決済の場合には〝国際銀行間通信協会（SWIFT）〟などのシステムを使って決済が行なわれる。

各国の銀行はこうしたシステムへのアクセスを認められることで、資金の決済に関する業務を一手に引き受けてきた。そして、このシステムを動かし、保守するためにはかなりの人手とコストがかかる。言うまでもなく、このシステムは一元的に集中管理されたものだ。そして、各国の通貨をやり取りするため、中央銀行の決済システム（国内であれば日銀の決済システム）にもアクセスしなければならない。

なぜこうした決済の方法が成立してきたかと言えば、これまでの決済は法定通貨を使って行なわれてきたからだ。わが国の銀行法では、仮想通貨の口座は開設できない。そのため、お金を口座から別の口座に送金して決済を行なう場合は、円を使うし

全銀ネットを使った決済のフロー

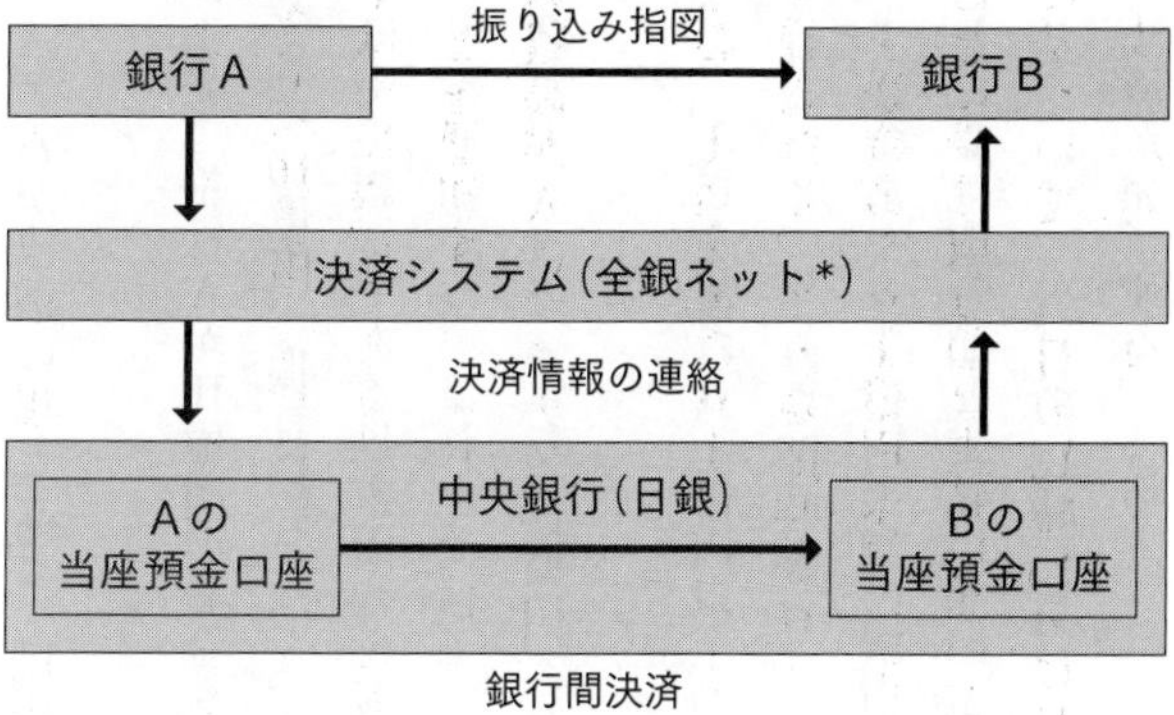

＊全国銀行資金決済ネットワーク＝全銀ネットは、金融機関相互の国内資金を決済処理する全銀システムを運営

かない。その円は日本銀行によって管理されている。そのため、決済の内容は日本銀行にも報告しなければならない。当然のことながら、国内が休日の時は決済システムが止まる。

全銀ネットを使った決済

決済への理解を深めるため、国内での決済のプロセスを確認しておこう。まず、離れた場所に存在する人や企業同士が、お金を運ばずに受け渡しすることを内国為替取引という。これを運営しているのが全銀ネットだ。全銀ネットは、全国銀行データ通信システム（全銀システム）を運営し、このシステムが決済の場となる。国内での振り込みや送金は全銀システムで行なわれる。

ここで、銀行Aが10億円のお金を銀行Bに送金しなければならないとしよう。この「AがBに10億円、振り込む」という情報は、全銀ネットに伝わる。そして、全銀ネットは中央銀行である日本銀行に対して、AからBの口座に10億円お金が振り込まれることを通知する。これを受けて、それぞれの銀行が日本銀行に開設している当座預金の残高がAはマイナス10億円、Bはプラス10億円変動することで、決済が成立する。

なお、1送金あたり1億円以上の大口の取引は、支払いの指図があるたびに、決済が実行される。これを即時グロス決済（Real-Time Gross Settlement：RTGS）という。1送金あたり1億円未満の取引は、全銀ネットが個々の支払い指図を集計し、銀行ごとに受け取り額と支払い額の差額を計算し、その結果を日本銀行に知らせる。これに基づいて、当日の16時15分に日本銀行の当座預金に入金、引き落としが実施され、決済が完了する。

ブロックチェーンを用いた決済

全銀ネットを介した決済を見れば明らかなように、お金の送金は銀行と銀行のやり取りだけでは完結しない。最終的に、中央銀行の当座預金を介して決済される。ここに、中央銀行が〝銀行の銀行〟と言われるゆえんがある。一連の決済業務を成立させるために、銀行はシステム投資を行なっている。そして、銀行が合併すると、双方のシステムの統合にかなりの労力がかかる。これは、国内大手銀行のシステムトラブルを見れば納得いただけるだろう。

決済に仮想通貨とブロックチェーンが使われ始めると、全銀ネット、日銀当座を通した決済プロセスとは無縁の、まったく新しい低コストな決済が可能になる。

極端な例を考えるとよりわかりやすい。金融業界以外の企業が、ブロックチェーンシステムを使って価値が変動しない仮想通貨を作り出したとしよう。それを使うことで、円の送金が代替できる。こうなると、銀行を使って決済する必要性はなくなってしまうわけだ。

この決済システムはブロックチェーンに基づいているため、決済のデータは複数の端末間で分散された形で、同じ内容が共有される。それを多くの人が確認しているため、改ざんの心配もない。送金を行なうためには、ブロックチェーンが正確にスムーズに動けばよい。

そのため、いつ、どこで送金するかは問題ではなくなる。休日でも大丈夫だ。海外への送金も、銀行を介《かい》する必要はなくなる。当然のことながら、銀行に払う手数料を抑えることができる。

銀行は本当に必要か

こうなると、「銀行は本当に必要か」という疑問がわかないだろうか。

本章の冒頭で、銀行が仮想通貨を使って決済を行なえば簡単だという例を紹介した。ここで、考えてみたい。中国人が熱狂的に買い占めているビットコインは、誰が作ったものだろう。それは、わからない。それでも、ビットコインは、かなりのレベルでお金と同じような使われ方をしている。そして、その応用範囲は広い。

これは、刺激的な教訓だ。銀行がなくてもお金は取引され、決済も、投資も、消費も、この現実の世界で成立してしまう。銀行がなくても何の問題もなさそうだ。

しかし、実際の社会では銀行はかなり大切にされている。リーマンショック後、各国の金融監督機関は、「銀行がつぶれると社会に大きな影響が出る」と考え、大手行を中心に自己資本の比率を引き上げるよう求めてきた。そして、銀行が破綻した際の影響を抑えるために、リスクの高い投資を行なわないよう、規制が強化されてきた。米国のドッド＝フランク法などは、その典型的な例だ。

こうした取り組みの背景には、「銀行がつぶれると社会に大きな混乱が広がって大変だ」という、一種の思い込みがある。銀行は守らなければならないという考えは、どこの国でも強い。それは、預金者を守らなければならない、ということと同じだ。欧州では、銀行が破綻した際には、まず、銀行の株主や債権者に損を負担させることが取り入れられた。

これを〝ベイルイン〟という。その対義語が、公的資金＝税金を使った銀行の救済を意味する〝ベイルアウト〟だ。ベイルインが取り入れられた背景にも、銀行の内部に損を負担させる仕組みを作っておけば、過度なリスクテイクが進まず、銀行危機は起きない、という発想がある。

ブロックチェーンが社会に普及し始めると、誰かが作った仮想通貨を使うことで、理論的には決済が成立してしまう。その仮想通貨の人気が高まれば、預金を仮想通貨で行なうことも可能だ。さまざまな規制や法律に守られてきた銀行が、決済や預金を集める意義はなくなってしまうということになる。最終的には、法定通貨の在り方にも変化が出てくるだろう。

ブロックチェーンの出現は、こうした根本的な問題を考えるきっかけを提供している。まさにビットコインの出現は銀行、その他の金融機関にとって劇薬だ。「インチキだ」と思い込んでいると、気づいた時には銀行が必要とされなくなっているかもしれない。それほど、ブロックチェーンの理論が確立されたことは、画期的なことなのである。

4・2：止められない仮想通貨の拡大

オープンだからこそ止まらない仮想通貨の普及

ブロックチェーン技術を用いた仮想通貨の取引が広がると、銀行がなくても私たちの生活には影響がない、と考えることができる。ブロックチェーンを土台にして仮想通貨を使うと、今日ある銀行券を使うよりも、低コストで決済が完結する。これは便利だ。便利だからこそ、仮想通貨の普及は止まらない。それは銀行にとって大きな脅威だ。しかし、足下の世界経済を見渡すと、この脅威を克服できるだけのエネルギーが銀行業界にはないようにも思える。

便利さに加え、仮想通貨の代表格、ビットコインの大きな特徴は、オープンな環境で自律的に取引が完結され、それが止まることなく動いているということだ。実際の社会でオープンな形で組織を動かすことは容易ではない。企業の経営を考えると、経営者がいるからこそ、そのほかの重役に指示が行きわたる。そして、ミドルマネジメント以下の階層にも具体的な指示が与えられることで組織が動く。いったん経営者が不在になってしまうと、指揮系統は機能不全に陥り、組織は混乱してしまう。政府も然りだ。

このように、私たちの社会はピラミッド型の指示体系に基づいて動いてきた。お金もそうだ。私たちの暮らしの中で使われるお金の価値は、中央銀行によって管理され、守られている。送金の業務は銀行が支配してきた。

ビットコインにはそうしたヒエラルキーも、中央集権的な指揮系統もない。それがなくても、オープンな環境で分散と共有、そして一致が成立することが改ざんを防いでいる。ネットワークそのものへの信頼があることが、ビットコインの普及につながっていると言えるだろう。オープンだからこそ、多様な意見、利害が常にぶつかり合い、よりよい管理の方法が考案されている。こうした動きは今後も続き、自由な取引や、効率的な送金を求める人々がいる限り、止められない。

一方、世界経済全体の動きを見ていると、こうしたオープンな雰囲気とは真逆の、内向きが進んでいる。特に、政治の世界ではそれが顕著だ。

２０１６年半ば以降、各国の政治は、これまで以上に自国の利益を優先するようになった。その結果、いろいろな軋轢《あつれき》、対立が起きやすくなってきている。そうした状況に、はたして銀行は耐えられるだろうか。今後の世界経済の動向については、エコノミストらの間でもさまざまな意見があるが、どちらかと言うと先行きへの期待は抱きづらくなっているように思う。

そこで、以下では少し視点を変えて、今後の世界経済の展開を考えながら、仮想通貨への期待がどうなるかを考えてみたい。

政治が高める、世界経済のブロック化懸念

２０１６年の半ばを境に、主要国ではグローバル化に反発して自国優先を求める世論が強くなってきた。６月には英国の国民投票にてＥＵ離脱（ブレグジット）が決定された。これは、英国民が自国の決定権をＥＵから取り戻し、国境の管理と司法権の確保を優先した結果だった。

そして、11月には米国の大統領選挙で、大方の予想に反し、共和党のドナルド・ト

ランプ氏が当選した。トランプ氏は選挙戦の時から米国第一の考えを主張し、鉄鋼業など伝統的な米国の産業を再生すると述べてきた。

そして、正式に大統領に就任すると、メキシコとの国境に壁を建設し移民の流入を制限することや、米国への輸入品には関税をかけるなど、保護主義政策を重視した。保護主義とは、政府が自国産業の保護や輸出の促進を重視し、経済成長率を高めようとする政策だ。それだけでなく、日中独の通貨が安すぎると批判したり、中東からの難民などに対して入国を制限する措置も打ち出した。

これに対して、各国からは米国の保護主義政策や対外強硬策に報復するとの警告が発せられている。トランプ大統領の誕生を境に、多国間の経済連携の深化、自由貿易体制の重視を通したグローバル化の動きは、逆回転し始めたように思える。

欧州大陸では、ドイツの緊縮重視スタンス、単一通貨ユーロがあるが故の金融政策のコントローラビリティの欠如がフランスやイタリアなど、EU加盟国の景気を圧迫してきた。そのため、政治の世界では、共同体の利益よりも、自国民の利益を重視すべきとの考えが高まっている。英国がEU単一市場からの離脱を表明したこともEU

からの離反を求める世論を後押しするだろう。

そして、世界全体の需要は供給を下回っている。どの国も、できることなら海外の需要を取り込んで自国の経済基盤を強化したい。その中で、世界の政治、経済の中心的役割を担《にな》ってきた米国が保護主義政策を重視すると、世界各地で需要の囲い込みが進む可能性がある。それは、1920年代後半の世界恐慌を経た1930年代、列強がブロック経済を形成し、植民地の取り合いをしたことに似ている部分がある。

低迷への懸念、銀行を助けられない政府

需要が低迷する中で世界経済を支えてきた自由貿易が行きづまると、世界全体の潜在成長率は低下するだろう。景況感が悪化すれば、日銀やECB（欧州中央銀行）も、何らかの追加緩和措置を進めざるを得ないだろう。すでにマイナス金利政策が銀行の経営体力を奪ってきた中、さらなる金融緩和は経済を壊してしまう恐れがある。十分な収益を確保することが難しい中、銀行がさらなる低迷リスクを吸収し、経営を安定させていくことは難しいように思う。

そうなると、なおさら、法定通貨を積極的に保有する動機はなくなってしまう。国債を保有しても、銀行に預金をしても、十分な利息は付かない。銀行が経営破綻に陥り、預金の一部が回収できなくなる恐れもある。そうした懸念が高まっても、銀行を使って送金をする際のコストは変わらない。ＡＴＭで夜間や休日にお金を下ろそうとすると、それなりの手数料を取られる。政治が内向きになり、それが世界経済の先行き不透明感を高める中、積極的に紙幣を貯め、使う動機は見出しづらい。

２０１６年12月、イタリアでは上院の権限縮小の是非《ぜひ》を問う国民投票が行なわれた。その結果、改革案は否決され、レンツィ首相（当時）は辞任を表明した。イタリアの銀行セクターが抱える不良債権の規模は、ユーロ圏の銀行セクターが抱える不良債権の3割程度もある。国民投票の結果、政府がどのように不良債権処理を進め、銀行セクターの再編が進むか、先行きへの懸念が高まったのは当然だろう。そして、月末にはモンテ・デイ・パスキ・ディ・シエナ（モンテパスキ）銀行が自力での再建を諦め、政府に支援を求めた。

問題はＥＵが銀行への公的な支援の前に債権者などによる損失の負担を求めている

一方、イタリア政府は、極力、このベイルインの影響を抑えたいということだ。その背景には、イタリアの個人投資家がモンテパスキ銀行の発行した債券を持っているため、家計への負の影響が懸念されるということがある。結局、EUが進めてきた銀行の破綻処理の枠組みは〝骨抜き〟になってしまう恐れがある。同時に、政府は自国の銀行を迅速に救済して、金融システム不安を防ぐことが難しくなっている。

この矛盾を解決するためには、イタリアの政府と欧州委員会、及びEU加盟各国が、現行制度の問題点を相互に確認し、現実的な取り組みを進める必要がある。端的に言えば、まずは公的資金を注入して不良債権をオフバランス化し、債権、及び株主に対してそのコストを事後的に請求する法制度を確立することだろう。ベイルインありきでは金融機関の破綻処理は思うように進まない。それは、銀行システムへの不安を高め、ユーロの下落圧力を高めやすい。

自由なお金への潜在的な需要は高まる

欧州では移民が雇用機会を奪ったとの反感、難民がテロを起こしたとの怒りや恐怖が強い。それが、移民排斥、自国優先を求める世論につながり、自国の利益を優先すべきという雰囲気がいっそう高まっている。それが短期のうちに落ち着き、再度、EUの連携が強化されるとは考えづらい。政治が目先の利益を重視してふらつき始めると、どうしても経済の動きも不安定になる。その状況が続く中、銀行の収益は上がりづらく、徐々に信用リスクが高まりやすい。

景気が悪化する中で財政出動を通した経済対策が進めば、中長期的な財政悪化の懸念も高まりやすい。それが続くと、ギリシャが経験したような混乱に直面する可能性がある。そうなると、政府は自由なお金の移動を制限するかもしれない。

こうした状況がすぐに起こるわけではないが、先行き、その可能性を排除することも難しい。よって、いつまでも紙幣に対する信頼感が保たれるとは言い切れない。政治が短期志向に向かうことで銀行経営への不安が高まり、それが従来の通貨への疑問、不安につながる。そうなると、政府は国内にお金を閉じ込めようとする。それが余計に、ブロックチェーンの信用性に支えられた仮想通貨への需要を高める可能性がある。仮想通貨を求める心理は、低コストといったメリット以外の要因にも影響される。

もし、政府がお金の自由な移動を制限し始めたり、預金の引き出しに制限をかけ始めると、人々は反発する。なぜ自分の財産を制限されなければならないかという根本的な疑念が生じるからだ。そこで仮想通貨に、今以上のフォーカスが向かうだろう。ビットコインのようにパブリックなブロックチェーンの開発と利用が進むことで、既存の通貨の問題を解決しようとする取り組みが進んでいる。それを利用することで、より自由度の高いお金を手に入れようとする欲求は、徐々に高まっていく可能性がある。

4・3：銀行でない企業が、銀行の機能を担う

参入の増加

ビットコインの登場と、その取引が増えてきたことを受けて、ビットコイン取引所などを運営する新興企業が増えている。その中には、銀行の出資を受けた企業も多いが、銀行が直接そうした企業を設立しているわけではない。そして、仮想通貨の普及

やブロックチェーン技術の高度化、普及を目指して、多くのIT関連企業が仮想通貨の関連分野に進出している。

どのようなタイプの企業が進出しているかを見てみよう。まず、IT関連のビジネスを全般的に行なってきた企業がブロックチェーン等の事業を開始している。そこには日立や富士通など、国内の大手企業も参入している。

ブロックチェーンの開発に特化した企業も多い。この分野では新興企業が多く、ブロックチェーンとフィンテックを融合させて新しい金融サービスを生み出したり、ブロックチェーンをより簡単に使うためのアプリケーション・プログラム・インターフェイス（API）を作る企業も出てきた。

そのほかにも、クラウドコンピューティングサービス、金融機関向けのITシステムベンダー、オンラインのゲーム作成企業等が、ブロックチェーンや仮想通貨に関する技術開発に取り組んでいる。

こうした企業は、いわば仮想通貨とブロックチェーンビジネスの〝原材料〟を提供する立場にある。それを使っているのが、大手銀行や、証券会社などの金融機関だと考えられる。もっとも、国内の銀行などは、自行内、あるいはコンソーシアムを形成してブロックチェーンを使った送金システムの開発を進めている。この点で、ＩＴ企業と金融機関は競争関係にあると見ることもできる。

いずれにせよ、仮想通貨、ブロックチェーンの普及を進めていくためには、コンピューターサイエンスの技術を使うことが欠かせない。そのため、銀行業界とＩＴ業界の接点はますます多くなっていく。これは、ＩＴ業界が金融業界に進出することを意味する。この点で、今技術的開発の進んでいるフィンテックが社会にもたらすシナジーも期待できる。

重要なことは、金融技術の専門性を、いかにしてネットワーク上に落とし込み、資金決済、有価証券の発行や取引、その記録の管理をスマートに行なっていくかだ。そして、スマートなシステムを構築し、提供できる企業が競争に勝ち残る。この点で、ブロックチェーンの登場は、大学発のスタートアップ企業などにも、成長のチャンスを提供することにつながったといえる。こうして、銀行でない企業が銀行の機能を担う社会が徐々に進むだろう。

ペイパルの登場

米国の決済サービス企業であるペイパル（PayPal）の成長を見ると、銀行ではない企業が決済の分野で存在感を高めてきたことがよくわかる。ペイパルは1998年に設立された、比較的新しい企業だ。2002年に、同社は、米国のインターネットオークション企業であるイーベイ（eBay）に買収され傘下に入った。2015年にペイパルはイーベイの傘下から独立した。同社の時価総額は480億ドル（2017年2月上旬時点、約5・4兆円）にまで成長してきた。米国で、ペイパルと同等の時価総額を持つ企業としては、GM（ゼネラルモーターズ、547億ドル）等がある。

ペイパルが提供するサービスは決済だ。2016年通期の決算を見ると、前年比、収益は21％増加し108億ドル（約1・2兆円）を達成した。モバイル決済の利用額は前年から55％増えるなど、決済をメインの事業とすることで高い成長率を達成している。この事実は、銀行が提供してきた決済サービスがコストのかかるものであることの裏返しと考えればよい。

ペイパルの決済サービスを導入すると、個々の販売企業は、直接、クレジットカード会社と契約を結ばなくてよい。だから、通常はＶＩＳＡなどと契約することが難しい小さな会社でも、クレジットカード決済を導入して、顧客を呼び込むことができる。そして、直接クレジットカード会社と契約する場合に比べて、入金サイクルが短い。これは運転資金を確保する上で重要なことだ。

一方、ペイパルを使って買い物をしたい人は、ペイパルに自分の口座（パーソナルアカウント）を開設する。同社によれば、パーソナルアカウントの開設を選択し、個人情報やクレジットカード情報を登録する。そしてメールアドレスの確認を行なえば口座は開設できるそうだ。利用料金はかからない。維持費もかからない。実際に買い物をするときは、メールアドレスとパスワードを入力すればよい。クレジットカード番号をお店に伝える必要はなくなる。

米国では自分の銀行口座からペイパル口座への入金ができる。このサービスが広がれば、ペイパルは銀行に代わってかなりの決済業務を引き受けていく可能性がある。

わが国では銀行口座からペイパル口座への入金はできないため、クレジットカードが使われる。そして、ペイパルが登場することによって、クレジットカードが使えない店舗でも、買い物ができるようになった。決済サービスが進歩することによって、ハードカレンシー（一般的に決済のために使われるお金、ドル、ユーロ、円など）とクレジットカードの差は、徐々に埋まっていることがわかる。

ペイパルが仮想通貨を使い始めると……

一般的に、ペイパルは決済分野でのフィンテックビジネスで成長してきた企業だと考えられている。2014年、イーベイ傘下にあったペイパルは北米地域でのビットコイン受け入れを開始した。2016年にはビットコインの取引所を運営するコインベースと提携し、コインベースのユーザーが自身のペイパル口座にお金を移せるサービスを開始した。

ペイパルのビジネスモデルに仮想通貨が実装されると、クレジットカードすら必要ではなくなる。それは、人々のお金を銀行で管理するニーズが低下することに他ならない。

そして、決済全般で仮想通貨が使われ始めると、企業がクレジットカードや銀行送金のために負担してきたコストは軽減される。

この結果、モノの価格にも変化が現われる可能性がある。〝一物一価〟ではなくなる可能性がある。こうした状況は、伝統的な経済学の理論では想定されていなかった。仮想通貨を使うことで事務手数料が減る分、各事業者は価格に転嫁してきたコストを消費者に還元することができるからだ。

このように決済分野でのフィンテックに仮想通貨の概念が加わることで、経済活動が広がりを見せるだけでなく、消費者はより価格の安い品物やサービスを手に入れることができる。それを販売した企業は、従来以上の早さで売り上げた代金を仮想通貨で回収することが可能になる。そして一連の取引の正しさがブロックチェーン上で分散管理される。

以上は、今日の銀行を取り巻く経済環境と大きく異なる。仮想通貨が社会に広がり、既存の技術と融合することで、これまでのビジネスモデル、産業に創造的破壊が起きる。こうして、銀行以外の企業が、徐々に銀行ビジネスに参入する可能性がある。

4・4：銀行はどのように仮想通貨に対応するか

海外先行で進む、銀行の仮想通貨研究

世界的に仮想通貨とブロックチェーンへの関心が高まり、将来の利用可能性の検証が進んでいる。それでも、すべての銀行が初めから仮想通貨の有用性に着目してきたわけではない。当初、欧米の投資銀行の経営者の間ではビットコインは〝眉唾物〟だという見方もあった。しかし、徐々にそうした見方はなくなった。今では、将来の金融取引を根本から変えてしまうマグニチュードを孕《はら》んでいるという見方が一般的だ。

たとえばスイスの大手銀行であるＵＢＳは決済のために使われる仮想通貨＝セトルメントコインの開発に力を入れてきた。ＵＢＳは、世界の金融システムにブロックチェーンを浸透させていくためにこの仮想通貨を開発した。ＵＢＳの取り組みは仮想通貨を一般社会に流通させることよりも、資金、有価証券の決済の短縮化、効率化を目指したものであり、ブロックチェーンの有用性を最大限活用することを目指してい

る。

お金の決済、有価証券の管理などに関する分野は、設備、労働力の投資が必要な分野だ。そのため、すべての銀行が資金決済に強みを持っているわけではなく、一部の金融機関が競争力を持っている。特にカストディアンと言われる有価証券管理の分野ではバンクオブニューヨークメロン、ステートストリート、ＪＰモルガンなどをはじめとする大手5行で世界のカストディアン業務の60％程度を占めている。この分野でブロックチェーンが使われ始めると、システム管理、決済費用等、かなりの効率化が期待できる。

こうした海外での取り組みに比べると、わが国での仮想通貨、ブロックチェーンへの取り組みは遅かった。その動きも、小粒な感が否めない。そこで、次の逸話をもとに考えてみよう。

ある銀行の経営企画部での話

ある国内の大手銀行の経営企画部で、部長のＡさんが若手行員のＢさんと話をしていた。A部長は、生粋の銀行マン。若い時からメイン支店の営業でトップの成績を残し、社内の留学制度を使って海外の大学院に留学しMBAを取得したエリート行員だ。同期の中でも出世頭とみられている。

帰国後は、官庁との規制に関する折衝を行なう部署で経験を積んだ後、晴れて経営企画部の部長に昇進した。A部長は、銀行の貸し出しを増やすために、国内企業向けのローラー営業作戦を展開しようとしている。

部長の頭の中には、各企業の財務内容を調べ上げ、今以上に資金需要を探れば融資を伸ばすことはできるとするアイディアがストックされている。マイナス金利などの低金利の中で国債の運用で利ザヤを稼ぐことは難しい。それだけに、今こそ銀行の本業である貸し出しが重要だ。

一方、若手行員のBさんは入行3年目。最新のファッションや、流行のビジネス動向のチェックに余念がない。最近は、ペイパルを使ってオンラインショッピングの決済を行なっている。ビットコインの取引も始めているが、中国当局の規制強化を受けた相場の下落を受けて、損を出してしまった。

Bさんは、行内でブロックチェーンの開発が始まり、仮想通貨の研究が進んでいることを知っている。それでも、彼が海外の知人から聞くブロックチェーンなどを取り巻く環境変化のダイナミズムに比べると、自行の取り組みはいくぶんかおとなしいという印象を持っている。

そこでBさんは、伝統的なバンカーであるA部長に、思い切って疑問をぶつけてみた。なぜ、米国や欧州の投資銀行のように決済のための仮想通貨をより迅速に実務に活《い》かそうとしないのか、という質問だ。

A部長曰く、確かに仮想通貨のビジネスは重要であり、国内でも大手銀行や地銀などがコンソーシアムを組んで導入に向けた研究を進めている。それでも、あくまでも銀行の本業は融資だ。国内で仮想通貨に関する法律（資金決済に関する法律）を見ても、電子マネーと仮想通貨は明確に分けられている。そして、現時点で銀行は仮想通貨を受け入れる口座を開設することはできない。

つまり、法律の運用の観点からすると、政府はこれまで通りの銀行業を重視している。仮想通貨の動きをフォローしていくことは重要だが、そこに注力しすぎないほうがいいとの考え方もできる。そのあたりは慎重に考えていくべきだ。だからもう少し様子を見てからでもいいだろう。

これを聞いてBさんは、理解はできるが、納得はできなかった。そして、海外の友人が熱っぽく仮想通貨やブロックチェーンの可能性を話していたことを思い出し、国内の銀行の冷静、否《いな》、冷めた考えに驚いたほどだ。

ビットコインが社会に広がり、ブロックチェーンを用いた実証研究を海外の大手金融機関が進める中、「ビットコインは怪《あや》しい、様子を見たほうがいい」と考えた金融機関関係者は多かったのではないか。後講釈にはなってしまうが、そうした姿勢が、ブロックチェーンの実用化で後れを取った原因だろう。それでも、徐々にではあるが国内の銀行などは仮想通貨やブロックチェーンの可能性を検証し始めている。

国内各行の取り組み

２０１６年、大手銀行を中心に仮想通貨、ブロックチェーンに関する研究や試験的な導入計画が一気に明らかになった。

まず、三菱東京ＵＦＪ銀行が独自の仮想通貨である〝ＭＵＦＧコイン〟を２０１７年の秋にも一般に公開する可能性があると報じられている。みずほ銀行はＩＢＭと連携してブロックチェーンの技術検証を進めている。三井住友銀行は近畿大学などと連携してブロックチェーン技術に関する研究活動を拡大している。

そのほか、住信ＳＢＩネット銀行は野村総合研究所などと共同して進めた基幹システムにおけるブロックチェーンの利用検証を行ない、適用可能であるとの結論に達した。また、同行は横浜銀行と共同してブロックチェーンを使った年中無休の送金システム構築に向けて動き出した。この取り組みには、他の銀行の参加も念頭に置かれている。

こうした取り組みはごく一部に過ぎず、多くのＩＴ企業やフィンテック企業が銀行や証券会社、その他金融機関と連携して仮想通貨やブロックチェーンの研究を進めている。その中でも、一歩抜きん出ているのは、ＭＵＦＧコインの導入を目指している三菱東京ＵＦＪ銀行だろう。

注目すべきMUFGコイン

邦銀の中で初めて、三菱東京UFJ銀行はMUFGコインという具体的な仮想通貨の創造を目指している。同行が仮想通貨の開発に本腰を入れたのは、〝ビットコイン〟に代表される仮想通貨が想定以上に人々の関心を集め、実際に普及してきたからだ。もはや、大手金融機関にとって仮想通貨は無視できる存在ではない。

同行が大手行の中でもいち早く仮想通貨の実用化に踏み出した背景には、仮想通貨の普及に伴い、分散型の自律的なネットワークであるブロックチェーンを用いたコスト削減競争の動きに乗り遅れてはならないという危機感がある。その流れに乗り、送金手数料の低さなどのメリットを強調して、まずは、国内での先行者利得を得ようとしている。

それがうまく社会に受け入れられていけば、海外の支店網を使ってMUFGコインを海外に輸出し、普及させることができるかもしれない。大手金融持株会社のメリットを生かして、系列の運用会社やカード会社との連携が進めば、仮想通貨で投資商品を購入したり、消費者ローンを活用するなど、MUFGコインの流通の場は広がるだろう。ＭＵＦＧは、２０１７年初めにもグループ企業の社員グループにＭＵＦＧコインを発行し、その後に一般向けの公開を検討しているとも報道されている。

ＭＵＦＧコインとビットコインは違う

ここで一度、整理しておこう。ＭＵＦＧコインとビットコインは明確に違う通貨として考えるべきだ。一部ではＭＵＦＧコインは電子マネーのようなものという指摘もあるが、これは明らかな間違いである。法律上、電子マネーと仮想通貨の定義は異なる。仮想通貨は、電子マネーよりも、より不特定多数の人による利用が想定されている。

ビットコインは、実際に触れることのできない仮想通貨だ。ビットコインはオープンブロックチェーンであるため、スマートコントラクトが成立するまでに60分はかかる。そして、価値は一定ではない。

一方、ＭＵＦＧコインには銀行の信用力が備わる。１コイン＝１円で取引される想定だ。対円での客観的な交換レートが設定されることは、仮想通貨の価値の安定を支える。その結果、ＭＵＦＧコインが〝交換手段〟、〝価値の尺度〟、〝価値の保存手段〟という〝貨幣の機能〟を持つ可能性すらあるだろう。この点で、ＭＵＦＧコインの将来には無限の可能性が広がっていると言っても過言ではない。

仮想通貨の発行権は銀行にある。それが普及すれば、わが国の中で法定通貨である円とＭＵＦＧコイン等の複数の通貨制度が併走する。送金コストなどの点で、法定通貨よりもＭＵＦＧコインのほうがメリットがあり、使いやすいとの見方が広がれば、銀行が発行する仮想通貨が日本銀行券に置き換わる場面は増えるだろう。それは、円の価値の安定を目指した金融政策の〝終わりの始まり〟になるかもしれない。

4・5：金融業界の近未来像＝競争激化

新しい技術は競争をもたらす

仮想通貨とブロックチェーンの技術が確立されたことで、金融サービスを取り巻く競争環境は大きく変わろうとしている。ＩＴ企業、大手電機メーカー、小売、ベンチャー、スタートアップなど、さまざまな業種、さまざまな成長ステージの企業が、銀行を中心とする決済ビジネスに参入する可能性がある。決済以外の分野でも、金融を取り巻く競争環境は熾烈《しれつ》さを増していくだろう。

これまでの歴史を振り返っても、新しい技術が社会に登場すると、従来のビジネスモデルに変革がもたらされ、企業の新規参入が進んだ。

１９９０年代に社会に広がったインターネットは、ＩＴ業界という新しい業種を生み出した。そして、それまでは各証券会社の営業担当者が訪問や電話を通して行なっていた株式などの売買に、インターネットが用いられるようになった。

当初の段階では、インターネットを通して株を売買すると想像した人は、多くはなかっただろう。たいていの場合、新しい技術が登場すると、「そんなはずがない」と現状が続くと想定する人は多い。特に、大手の証券会社には、「そんなことできるはずがない」という思い込みが強かったように思う。

それでも、１９９８年11月、金融ビッグバンによりインターネット証券の参入が認められた。そして、同年12月には証券会社の免許制が登録制に変更された。１９９９

年には株式委託手数料が完全に自由化された。こうして、ネット証券会社の設立が急速に増え、企業間の競争が加速した。

このように新しい技術が既存のビジネスに入り込むことで、新しいビジネスモデルが構築されていく。それが、ユーザーにとってより好ましいサービスを生むことになる。ネット証券の台頭は、個人投資家のすそ野を広げた。そして、携帯電話で株式を売買し、その後はスマートフォンの登場によって、証券取引の利便性は向上している。

インターネット技術の発達と普及がネット証券の進出を支えたように、新しい技術の進歩と社会への普及は、新規参入を促す。この動きを社会の活力につなげていくためには、政府がどれだけタイムリーに、新しい技術が社会に与えるインパクトを評価し、その応用可能性を見定めることができるかが問われている。

銀行の保護を重視する法律

では、銀行を取り巻く行政はどのようになっているか。わが国の銀行法では銀行には免許がいる。つまり、一定の要件を満たすだけでなく、行政当局からの許可を得なければならない。一方で、銀行など、預金を受け入れる金融機関以外の企業が為替（送金）に関する取引を行なうことは、登録制によって認められている。

銀行の設立には免許が必要、一方で、銀行以外の企業が送金などに関する業務を行なうことは登録でよい。この行政の対応の違いには、わが国の法律に、「銀行は守られるべき存在である」という考えが浸透していることを示している。

確かに銀行の社会的な影響力は大きい。ひとたび預金が下ろせないという噂、不安が広がると、人々は銀行の前に長蛇の列をなして、預金を引き出そうとする。これを取り付け騒ぎ＝バンクランという。

２００７年夏場以降、米国の住宅バブルの崩壊懸念に端を発して、世界各国の金融市場が混乱した。その中、直接的に危機が発生したわけではない英国の中小金融機関（銀行に近い金融機関）のノーザンロックは資金繰りの悪化を受けて中央銀行（イングランド銀行）に支援を要請した。これを受けて、ノーザンロックにお金を預けていた人たちは「預金が下ろせなくなる」と不安に思い、長蛇の列を作った。

リーマンショック後の金融規制の強化も、基本的には銀行が過度なリスクテイクを行なわないようにすることが目的だった。そして、万が一、通貨危機や経済危機が発生しても、国際的な業務を行ない、グローバルな金融システムに大きな影響を与えると考えられる銀行の破たんが起きないように対策が進んだ。それが、自己資本の増強や、資本性のある債券を発行することで、損失吸収力を高める取り組みだ。

それでも競争は避けられない

銀行を守ろうとすればするほど、わが国の金融ビジネスはグローバルな展開から取り残される可能性がある。その中で、MUFGコインのコンセプトが登場し、実用化に向けた取り組みが進んでいることは重要な動きだ。

今後、仮想通貨、ブロックチェーン技術の進展とともに、金融業界では〝三《み》つ巴《どもえ》〟の競争が進むように思う。銀行など既存の金融機関、金融機関以外の企業、そして、中央銀行が仮想通貨の発行などを巡り、競争を繰り広げることが予想される。

金融機関以外の企業がブロックチェーン技術を開発したり、コンソーシアムを組んで仮想通貨の研究を行なうことは、多くの銀行などにとって脅威となるだろう。そのため、他業種間の連携は今後も増えるはずだ。その中で、ＭＵＦＧコインのように、一歩先に社会に登場した技術がどう評価されていくかは、注意深く観察していく必要がある。

もし、新しい金融サービスの提供がそれなりの評価を受けたなら、追随しようとする企業が増える。その動きが進むことで、徐々に、国内の仮想通貨ビジネス、ブロックチェーンの仕様がまとまっていくだろう。それが海外の動向と一致するのか、あるいは違うのか、どちらのほうが便利なのか、慎重に比較していく必要がある。

そして、中央銀行も仮想通貨の意義を認め始めている。すでに、イギリス、カナダなどの中央銀行が仮想通貨に関する研究を進めている。２０１６年4月1日、日銀は決済機構局内に〝FinTech センター〟を設立した。すでに、分散型台帳技術に関するＥＣＢ（欧州中央銀行）との共同プロジェクトが立ち上げられている。

２０１５年11月、国際決済銀行（ＢＩＳ）は〝Digital currencies〟と題するレポートの中で、仮想通貨の流通が進むと金融政策に相応の影響が出るリスクがあることを指摘している。特に、法定通貨と仮想通貨の関係性が弱い場合、金融政策の有効性がなくなる可能性がある。

そして、ＢＩＳは中央銀行自らが仮想通貨を発行する意義を説いている。特にＢＩＳが重視しているのは、中央銀行そのものがなくなることではない。それは、ブロックチェーンという分散型台帳技術が普及することによって、銀行セクター等が運営する集中決済制度を経由した、中央銀行の当座預金口座という一元管理された決済の必要性が低下することだ。

こうした展開は、仮想通貨が中央銀行に与える一種の脅威と言える。そこで、中央銀行は、その存在意義を社会に示していくために、法定通貨との代替性の高い仮想通貨を生み出そうとしていくだろう。

すでに中国人民銀行はブロックチェーンの専門家を雇い入れ、独自の仮想通貨の創造を実現しようとしている。その究極の目的は、紙幣を仮想通貨に置き換えることだ。こうすれば、国家の権能をもって、資本市場をより効率的かつ効果的にコントロールすることが可能になる。

程度の違いはあるが、通貨の発行権を持つ中央銀行が仮想通貨を発行し、それが社会に広がれば、私たちは金融政策の束縛から逃げることが難しくなる。それが、余計に、自由な通貨への憧れにつながるだろう。こうして、仮想通貨を巡る競争は、民間と政府部門を巻き込む形で、かなり大きなスケールで進む可能性がある。

第五章

仮想通貨の問題点

5・1：触ることができない仮想通貨の脅威

仮想通貨は本当に安全か

ビットコインをはじめとする仮想通貨が一般的に認知され、それを使える範囲が広がるにつれて、いろいろなところで仮想通貨のメリットが知られてきた。主なものとして、決済コストの低さ、決済にかかる時間の短縮などが挙げられる。ブロックチェーンの技術が確立されたことが、こうしたメリットを支えていると言えるだろう。

しかし、本当によいことばかりだろうか。仮想通貨が社会に大きなインパクトを与える存在であることは確かだ。そのため、多少の問題はあるにしても、そのことに過度に神経をとがらせるべきではないとも言える。リスクばかりに気をとられると、仮想通貨、ブロックチェーン技術を取り巻く世界的な開発競争に乗り遅れてしまうとの見方があることは確かだ。

一方、基本的に、仮想通貨は触ったり、数えたりできない。「だから不安だ」と思う人は多いはずだ。特に、ビットコインはどこの誰が、どれだけのビットコインを保有しているか、具体的な情報は公開されていない。なぜなら、ビットコインの取引履歴は、暗号技術によって、一見すると意味のない数字や文字に置き換えられるからだ。そのデータを、ブロックチェーン上で、分散させて各ノード間で共有し、データの一致（合意）を確認していることが、ビットコインへの信頼を支えている。

これは理論的には正しい。理論の世界で考える限り、ブロックチェーンは確実に分散と、共有とデータの一致に関するプロセスを執行するからだ。そして、この理論を過信すると、ビットコイン＝安全という思い込みから抜け出せなくなる。

仮想通貨を使う人の思考は制御できない

ビットコインの登場は革命に似た部分がある。そして、ブロックチェーンの技術が普及していくことで、私たちの暮らしにもかなりの影響があるだろう。将来的に、そうした展開が進むことは重要だし、好ましいと言える。

問題は、ビットコインを使う人が、みな、社会的な観点での公平さや、法令遵守、安全、私的財産権の尊重など〝常識〟、〝良識〟を持っているとは限らないことだ。マウントゴックス社の破綻にあるように、人の財産を奪って私腹を肥やそうとする者が、この世にいることは事実だ。

それと同様、どれだけ理論的に改ざんが困難なシステムを作ったとしても仮想通貨を使う人の思考、行動様式を予めコントロールすることはできない。誤った使われ方をすると、新しい技術としての仮想通貨は社会の脅威になる。飛行機が登場した後、第一次世界大戦で航空戦が展開されたり、爆撃技術が発達したことに似ている部分がある。

実際、ビットコインが犯罪やテロなどに使われているとの指摘は、多く出ている。時系列でビットコインが犯罪などに使われてきた傾向を辿《たど》ってみると、早い段階から薬物取引に関する資金決済にビットコインが使われてきた。なぜなら、ビットコインには匿名性があるからだ。そして、薬物取引以外でもビットコインが使われるケースが増えている。違法にコピーされたコンテンツの売買、銃器の売買などをビットコインで行なうケースも増えているという。

犯罪に使われる仮想通貨

米国の麻薬取締局（DEA：Drug Enforcement Administration）などは、ビットコインを使った麻薬取引の摘発に乗り出している。すでに、麻薬を購入しようとした疑いのある人物が保有していたビットコインが、押収されている。それでも、ビットコインなどの匿名性が担保されている仮想通貨が出回ると、当局や警察が薬物の取引を追跡することは困難になっているとの指摘がある。

また、仮想通貨がマネーロンダリング＝資金洗浄に使われていることも明らかになってきた。マネーロンダリングとは、犯罪から得られたお金の出所をわからなくするために、架空の銀行口座などを使って送金を繰り返したり、有価証券や寄付などに形態を変えて、捜査から逃れることをいう。

２０１３年、ニューヨークの連邦地検は、ビットコインとは異なる仮想通貨を使った、60億ドル（約６１００億円）のマネーロンダリングを摘発した。この時、リバティー・リザーブという名前のコスタリカに拠点を置く団体がマネーロンダリングに関与していた。この事件は、ビットコインが直接使われていたわけではないが、〝匿名性〟という特徴があることで、仮想通貨が犯罪に使われやすいという警戒感が高まったことは確かだ。

そして、シルクロードと名付けられたサイトでは薬物の不正販売が行なわれていた。このサイトは通常のインターネットでは閲覧できないトーア（Ｔｏｒ、深層ウェブとも呼ばれる）と呼ばれる接続経路に開設されていた。いわゆるアングラサイトだ。シルクロードはドルではなくビットコインで薬物を販売していた。それ以外にも、インターネットウイルスなども販売していたと報じられている。そして、２０１３年に連邦捜査局（ＦＢＩ）がシルクロードを摘発した。

テロと仮想通貨

テロとの戦いの中でも、仮想通貨がイスラム国に使われているのではないかなどの懸念が多い。２０１５年11月に発生したパリの同時多発テロ事件では、テロの実行犯が電子マネーのプリペイドカードを使って攻撃の準備を行なっていたことが発覚している。そのため、フランスやドイツ政府はビットコインなどの仮想通貨の匿名性がテロ資金の温床につながるとの懸念を表明した。

これを受けて、欧州刑事警察機構（European Police Office, Europol, ユーロポール）はビットコインなどの仮想通貨に関する調査を強化するとともに、仮想通貨の取引所の解析を進めた。

しかし、ユーロポールの調査からは、ビットコインがテロの資金源になった明確な証拠は得られていない。その一方で、英国財務省は銀行口座を介したマネーロンダリングに比べ、ビットコインのほうが資金洗浄に使われるリスクは低いと指摘している。インドネシアの当局はペイパルの決済システムとビットコインの両方が、テロ資金を調達するために使われていた、との見解を示している。このように、ビットコインに関する見解は一致していない。

結局のところ、ビットコインなどの仮想通貨が犯罪に使われたりする恐れがある理由は、そこに匿名性があるからだろう。これを防ぐためには、ブロックチェーンを管理する組織が必要になる。それでも、ブロックチェーンに対するサーバー攻撃などをどう防ぐことができるか、将来的な課題があることは確かだ。

5・2：安全性確保に懸念あり

Bitfinex（ビットフィネックス）事件の教訓

これまで見てきたように、マウントゴックス社の破綻は、経営管理の失敗に原因がある。それはビットコインやブロックチェーンそのものが抱える欠陥や、安全性への問題が原因ではない。

2016年8月には、世界有数のビットコイン取引所、Bitfinexから、12万BTC近くのビットコインがなくなってしまった（被害額は約7200万ドル、71億円程度）。これは、同社のシステムがハッキングされたためだ。この事件は、ビットコインなどの仮想通貨をどう管理すべきかという、技術的な問題に弱さがあることを認識する機会になった。なお、なぜハッキングされたか、詳細は明らかになっていない。

これまで、ビットコインを保存する際は、スマートフォンなどのウォレットに保存するよりも、取引所の口座に入れておいたほうが安心だという考え方が多かったようだ。なぜなら、スマートフォン上にビットコインを保存しておいた場合、スマートフォンをなくすと、同時にビットコインをなくしてしまう恐れもあったからだ。同時に、取引所に保存しておいても、ハッキングなどのリスクを100%なくすことはできない。保管への不安は、ビットコインを扱う上での基本的な問題と考えられる。

なお、ハッキングを受けたBitfinexは、すべての顧客に対して損失への調整負担を求めざるを得なかった。業務再開後、各顧客の口座残高は36%程度減額された。

Bitfinexのハッキング事件の発生は、ビットコインの価格にも影響を与えた。2017年年初の暴落に比べれば動きは小さかったものの、ビットコインの対ドルレートは600ドル程度から500ドル台前半まで下落したのである。規模の大きな取引所の業務が停止してしまうと、取引に対する不安が連鎖的に波及し、相場に影響が出ることを確認する機会になった。

ビットコインのブロックチェーンは理論上、改ざんが困難だ。各ノード間で最終的なデータの一貫性が保たれるまでには60分かかるという課題はある。それでも、ブロックチェーンそのものがダウンせずに動いていることを考えると、取引所やユーザーの視点で、どのような改善策があるかを検討していく必要がある。

Bitfinexから得られた改善策

そこでBitfinexの事件後、さまざまな改善策が指摘されてきた。たとえば、ビットコインを口座から出金するための鍵を設定する。この鍵を使ってビットコインが出金されてから、使えるようになるまで一定の時間を設ける。

万が一、このアイドリングタイムの間にビットコインがハッキングなどによって流出すれば、もう一つの鍵を使ってコインの取引を無効にする。そして、出金のための鍵と取引履歴を消す鍵の、二つの鍵をハッカーが手に入れた場合には、両方の鍵のデータを消す。こうすれば、技術的な理論として、ハッキングは不可能になる。

そのほかにも、いろいろな方法が考えられる。多くのコインが勝手に持ち出されないようにするためには、出金額の制限を設けることも重要だろう。一定額以上のコインを持ち出す際には、あらかじめどの口座からお金が出るか、出金のタイミングと、額を申請する。その情報をもとに取引所が暗号化した承認用のデータを口座の所有者に渡す。それをもとに、実際の出金を行なうことで、ハッキングによる流出リスクを低減させることはできるだろう。データを複数の箇所で分散して管理することも一つの方法だ。

最終的には、取引業者が、自分でコイン、顧客の資金を預からないようにすればよい。そのためには、信頼できる機関や企業などに、取引所に管理されているビットコインと顧客の資金を移管する必要がある。そうすれば、取引所にハッキングが行なわれても、コインが失われるリスクは、理論的にはなくすことができる。

同時に、この方法には問題もある。取引所にコインを預けている人々は、ただ預けているだけでなく、投資目的で預けている場合もあるからだ。その場合、取引所が提供しているレバレッジのサービスなどの使い勝手がよいから、取引所にお金を預けていることが想定される。

そうしたサービスの内容を維持したまま、別の組織にコインなどの保管を委託し、残高をリアルタイムで管理するにはコストがかかる。そして、財務内容など経営リスクは、個々の取引所の運営企業ごとに異なる。そうしたさまざまな特性を持つ取引所のサービスを、具体的に管理し、維持していくことができるだろうか。技術的な検証を進めるしかない。

いくつかの懸念はあるものの……

前節で見たような、犯罪、テロ組織の蓄財に仮想通貨が使われていたことを振り返ると「やっぱり仮想通貨は危ない」という発想が持たれやすい。ビットコインはデータであり、物質的に触ることができるお金ではない。そのため「ビットコインは嘘っぱちだ」と思う人もいるようだ。

しかし、仮想通貨とブロックチェーンの組み合わせによって、今後の金融機関のコスト削減が可能になることは間違いがない。ブロックチェーンは産業、社会にイノベーションをもたらす。これを止めることはできないだろう。

行政面でも、エストニアのように個人情報を電子情報として管理し、ブロックチェーンを用いて行政コストを引き下げる、行政コストの可視化を進めるといった取り組みは、より広範囲に進んでいくだろう。

最大の問題点を挙げるとすれば、社会全体での理論的、かつ実証的な検証がなされていないことだ。実際に社会で使われ始めなければ、現時点で判明している犯罪への利用、テロ組織の資金源になるなどの懸念点をどう解消するか、現実的な対応策が見当たらないからだ。それが進まないと、「危ないから使わない」「今の通貨システムのままで問題はない」という思考停止に陥《おちい》ってしまう。

仮想通貨、ブロックチェーンの考えは、既存の経済の理論、制度とは大きく異なる。そのため、どのように仮想通貨のセキュリティーを確保するか、誰がどのようにして反社会的な組織による仮想通貨利用をシャットアウトするかを考えていかなければならない。

これは、かなり究極的なレベルでの安全性確保の問題と言える。つまり、この問題を解決することができれば、仮想通貨の安全な利用が可能になるのではないか。

もし、どこかの国がこの問題に取り組み、仮想通貨を全国レベルで導入し始めたとしよう。その場合に考えられることは、この近隣の国が仮想通貨の有用性に着目し始め、同じような通貨システムを目指す可能性があることだ。

そうなると、国境をまたいだ仮想通貨の共有が進む可能性もある。これは、ユーロの誕生の基礎となった欧州通貨単位（European Currency Unit, ECU、エキュ）のことを思い浮かべればいい。ECUはユーロのようなお金ではない。それは単位でしかない。どういうことかと言うと、市場では、当時のドイツマルクなどの個々の欧州の通貨は、ECUに対する交換レートが値付けされていた。欧州の各通貨を組み込んだバスケットがECUであり、それがユーロの発足とともに、単一通貨に形を変えたわけだ。

仮想通貨が普及し始めると、国境を越えた資金の取引に使われるようになる。そうなると、仮想通貨の有用性への注目が高まり、徐々に既存のお金よりも、仮想通貨を使って消費、投資、そして決済を行なったほうが便利だという考えが増えやすい。

このように、仮想通貨の安全性をどう確保するか、いろいろな懸念はある。それでも、イメージを膨らませていくと、仮想通貨が既存の法定通貨に置き換わり、通貨同士をつなぎ合わせる存在になる可能性もある。発展性を生かすも殺すも、私たちが仮想通貨のメリットをどう考えるか次第だろう。そのためには、仮想通貨、ブロックチェーンに代表される分散型台帳技術の有効性を企業と政府がシェアし、実証研究を進めるしかない。

5・3：必要な社会インフラの整備

仮想通貨を取り巻く国際的な議論の進展

Bitfinexへのハッキングによるビットコインの流出、その後の顧客への損失調整といった対応を見ていると、仮想通貨が社会に広がるにつれて、抜本的に法律などの社会インフラを整備していくことが欠かせないということがわかる。そして、このハッキング事件がどのようにして発生したかは、いまだ明らかになっていない。仮想通貨の投資家が意図せざる形で被《こうむ》った損失に誰が、どう対応するか、そして、ハッキングなどによって流出した通貨がテロなどの資金源になっていないかをチェックすることは、今後の世界的な取り組みが必要だ。

すでに、国際的な政治議論の場でも仮想通貨に関する協議が進んでいる。２０１５

年6月のG7エルマウ・サミット首脳宣言では、テロとの闘い及びテロリストへの資金供与防止はG7にとっての主要な課題であることが盛り込まれた。

ここで、G7各国はテロ組織への資金供与を断つために、各国が共同して、速《すみ》やかに行動することがまとめられた。取り組みの中には、G7各国間で国境をまたいだ資産凍結に関する要請を円滑化することも含められた。そして、G7各国は、仮想通貨、その他の新たな支払い手段に関する適切な規制をはじめ、すべての金融取引、そのフローの透明性を高めるために行動を続けることが表明された。

エルマウ・サミットの声明を受けて、FATF(金融活動作業部会、マネーロンダリングやテロ資金対策の国際基準〔FATF勧告〕の作成を行なうために設立された多国間の枠組み)は、ビットコインなどの仮想通貨と、ドルなどの法定通貨を交換する取引所(exchanger)に、登録、免許を課すことが必要との見解を示した。そして、取引を行なう顧客の本人確認、疑わしい取引の届け出、記録を保存することを義務付けるなどの規制を課していくべきだとの見解も出されている。

2016年5月に開催された、G7仙台財務大臣・中央銀行総裁会議では、〝テロ資金対策に関するＧ７行動計画〟が採択された。この中では、大きく次の３点が表明された。

①お金を海外に持ち出す（携帯輸出入）の申告に関する敷居値を引き下げること。

②Ｇ７各国が、仮想通貨などの新しい決済手段に国際的なマネーロンダリング対策の推進を目指した国際基準（ＦＡＴＦ基準）の適用を進め、その実施を進めるようＦＡＴＦと協働する。

③マネーロンダリング取引などの実態を考慮しつつ、さらなる敷居値の引き下げが必要かを検証する。

今後のＧ７でもこうした議論が進んでいくだろう。それが徐々に、仮想通貨を受け入れる社会インフラの整備につながると考えられる。

わが国の仮想通貨への取り組みは遅れている

結論から言えば、仮想通貨が社会に広がる動きに対して、わが国の法整備は遅れている。２０１６年には〝資金決済に関する法律〟が改正され、〝情報通信技術の進展等の環境変化に対応するための銀行法等の一部を改正する法律〟がまとめられた。ここでは、仮想通貨の財産的価値を認めた。それはそれで大切なことだ。

いっそう求められることは、より具体的に仮想通貨やそれを原資産とした金融派生商品が、日本銀行券、その他の金融商品とどう違うか、具体的なルールを作っていくことだ。それを念頭に、G7等の場で、わが国が仮想通貨をどう扱うか、そして、テロの資金源にならないようにどう監視していくか、提言を進めていく必要がある。

すでに米国では、ビットコインのオプションが原油や小麦などと同じ〝商品（コモディティ）〟として扱われている。また、米国の証券取引委員会は、ビットコインの採掘への対価、採掘して獲得されたコインの契約書は有価証券と定義している。英国では税務上、仮想通貨の取引は外国の通貨の取引として認識している。

一方、法改正を受けて出された仮想通貨交換業者に関する内閣府令では、差金決済などデリバティブ取引に関する規定は含まれていない。不特定多数の範囲がどこまでなのか、仮想通貨の取引は行なわずに管理だけを業務とした場合には、法律がどう適用されるか、あいまいな点は多い。

こうしたあいまいさが残ってしまうと、どうしても、国内の仮想通貨を取り巻く環境が、海外の動向から遅れてしまう恐れがある。法律が定められ、仮想通貨に対する政府の監視が進むことは、仮想通貨への安心感を支える。その上で、仮想通貨、ブロックチェーンに代表される分散型台帳技術の可能性を生かすには、民間と政府の密接な協働が欠かせない。

こうした動きを進めるためには、まず、政府が率先してブロックチェーンなどの新しい技術を導入していくことを検討してもよいだろう。公的な研究所を活用することで、そうした取り組みを進める素地は、この日本にも十分にあるはずだ。

不可欠な仮想通貨に関する知識の向上

そして、人々の心理にある仮想通貨への疑い、懸念を解消していくことも欠かせない。その際、重要なことは、仮想通貨、分散型台帳の技術を無理やり社会に浸透させることではない。そうではなくて、新しい技術がもたらす創造的破壊のメリットを、客観的かつ冷静に評価していく基盤を作ることだ。

新しい技術が生かされていく環境を整備するためには、その技術に対する社会全体での理解が欠かせない。その点で、中長期の資産形成を考えるべき個人が、中長期的な経済環境がどうなるかを大まかにイメージできるよう、教育を進める必要がある。

ブロックチェーンの技術が応用されれば、既存の流通、行政、医療・衛生など多くの分野でビジネスモデルの刷新が進む可能性がある。そうした革新は、新しいサービスなど、新しい産業の育成につながるだろう。中長期的には私たちの暮らしにベネフィットをもたらすことが期待される。

人々がそうした可能性を冷静に評価し、新しい技術を受け入れるかどうかを判断できるようにすることが重要だ。マウントゴックスの経営破綻、Bitfinexへのハッキング事件などの問題に過剰に反応するのではなく、経営者のモラルハザードやハッキングなどの潜在的なリスクをどう防ぐことができるかを、社会全体で考えていく必要があるのだ。

そのためには、法律を決めて、規制を敷いていけばよいという発想に、どうしても進みやすい。しかし、規制が強いと創発的な産業の育成が進まなくなる恐れがある。

ビットコインとブロックチェーンのコンセプトは、既存の技術をサトシ・ナカモトがつなぎ合わせて独創的なコンセプトをまとめたことに由来する。

そして、その独創性を阻害する法律などがなかったことが、ビットコインの普及につながった。そのインパクトがあまりに大きかったため、２０１３年に中国政府は銀行にビットコイン取引を禁止させた。それでも、経済への不安、人民元の下落リスクへの懸念が強いため、中国国内ではビットコインを使ってドルを買い、人民元からお金を移そうとする人々が多い。このように、規制を強めすぎると、自由を求める人々の心理は反発してしまう。一度反発すると、それをまとめることは難しくなる。

わが国では、長らく投資家教育なるものが進んできた。今日では、金融庁も個人投資家の金融リテラシーを高めるためにいろいろなプログラムをまとめている（http://www.fsa.go.jp/ordinary/index.html#oshiete）。それでも、わが国の個人向け投資信託市場の動向を見ると、中長期の運用成績よりも足下の時流に合ったテーマに基づいて組成されたファンドが人気を集めている。そうしたほうが、証券会社はファンドを売りやすい。ファンドを運用する運用会社も、テーマを設定してしまえば、注目度がある銘柄を選んでいるということで運用の甲乙《こうおつ》を誤魔化すことができる。

従来の投資理論に照らせば、こうしたテーマに沿ったポートフォリオ管理はどこまでリスクの分散が重視されているか、議論の余地がある。毎月分配型の投資信託も、また然《しか》りだ。金融の基本的な理論を理解していれば、個人の長期的な資産形成を考えた場合、分配ではなく、再投資を行ない、複利の効果を享受していくべきだ。それが、中長期の観点で資産を増やすということである。そのほかにも、金融派生商品への理解をどう個人に促していくかなど、諸外国に比べるとあまりに取り組みが初歩的すぎる。

わが国の投資家教育は、根本から見直される必要があるだろう。最も大事なことは、経済がどのように動いているか、基本的な仕組みを人々が理解できるようにすることだ。特に、中長期的に経済がどうなるかという理解が欠かせない。

基本的に、経済成長率が高まる場合には、株式市場は上昇する。リーマンショックが発生するまでの中国やブラジルなどの新興国がそうだった。工業化の進展とともに、多くの設備投資が行なわれ、雇用機会が増えたからだ。

高い成長率を達成していた時代が終わったからと言って、悲観する必要はない。イノベーションが進めば経済は緩《ゆる》やかに成長できる。ブロックチェーンなどの技術はその有力なもの、と考えられる。そして、ブロックチェーン＝仮想通貨であり、この2つを切りはなして考えることは現実的ではない。

それだけに、仮想通貨は悪だ、嘘だ、危険だという思い込みを排除していくためには、新しい技術が私たちの暮らしに、どのような影響を与えうるか、冷静な議論が欠かせない。そうした議論が、仮想通貨や分散型台帳の可能性を理解し、より効率的な金融サービス、新しい産業育成を支える。こうしたことは、政府の取り組みによって道筋が決められる必要がある。

5・4：政府などの対応の遅れが命取り

止められない新しい技術

わが国の法律は、金融業界における銀行の重要性に注目して、銀行は守られるべき存在である、との立場に立っている。それは、社会の安定やスムーズなお金のやり取りを確立していくためには、確かに必要なことではある。

しかし、いつまでも、旧来の考えにしがみついていると、社会の変化に政府の取り組みが遅れてしまいかねない。そうなると、新しい産業育成やサービスの提供を巡る競争から取り残されてしまう。それだけでなく、国内の企業が新しい分野に進出することを抑制してしまい、国外での事業展開を重視することにもなりかねない。

政府の規制が社会に合わず、新しい技術の導入が可能であったのに進まなかった例は多い。今では、自動車の自動ブレーキ技術は当たり前の装備になってきた。各自動車メーカーは上位車種だけでなく、ファミリー向けや商用車にまで自動ブレーキシステムを搭載するようになっている。

こうした技術は、2000年代の初めにデンソーやトヨタ自動車などが実用化に向けた取り組みを進めていた。2003年、この2社は、ミリ波レーダーセンサーを使ったブレーキシステムを開発した。これは、レーダーを使って、車が自動的に前方の車や障害物との衝突を予測し、衝突するより前にブレーキを作動させる（車を止める）、あるいはシートベルトを作動させるシステムだった。トヨタ自動車はこの装備を乗用車に搭載し始めたが、完全に自動ブレーキで車を止めることはできなかった。なぜなら、政府は自動車の自動ブレーキシステム搭載を規制で禁止していたからだ。この発想は、機械は信用できない、車はあくまでも人の認知に基づいて停止させるべきだというものだ。

その後、２００９年に、スウェーデンの自動車メーカー、ボルボが政府と交渉を重ねた結果、完全に自動で止まる自動ブレーキシステムを搭載した自動車の販売が可能になった。その後、国内の自動車メーカーもこぞって自動車の自動ブレーキシステムを採用してきたことは言うまでもない。

このように考えると、わが国の行政は、自動車＝人が操作するモノという発想から抜け出すことができなかった。しかし、この認識は世の中の動きを的確に把握できていない。自動車開発は、自動運転開発の競争が激しさを増す時代に入った。すでに欧州では自動運転技術でトラックの長距離走行実験が行なわれるなど、実用に向けた動きが本格化している。その分野に国内のメーカーも積極的に参入しようとしている。

その一方で、行政サイドの対応を見ていると、企業と同じレベルで新技術が世の中を変えるという期待、それに遅れてはならないという危機感があるとは言いづらい。

先に見たとおり、G7は仮想通貨が社会に一人歩きするかのように広がり、それがテロ組織の資金調達に使われることを危惧《きぐ》している。お金が直接かかわる新しい技術であるだけに、わが国も米国などに後れを取らないように相応のスピード感を持って法令改正などを進める必要がある。

そうした取り組みを進めることは、一般的に言われる「仮想通貨は危ない」という懸念を解消することに役立つはずだ。仮想通貨、分散型台帳技術の開発と普及を進めていくためには、証券会社を経由して証券取引所で売買された株式が、ほふり（証券保管振替機構）に管理されているように、個別の金融機関の経営任せにしない仕組みが必要だ。

わが国で設立されているブロックチェーンや仮想通貨に関する業界団体と政府が密に連携し、実現可能性の高いルール、規制、そして、投資家保護などの仕組みを議論していく必要がある。これが進められないと、わが国は世界的な仮想通貨の開発競争に後れを取るかもしれない。

政府の積極性が不可欠

こうした議論は、いつの時代も言われてきたことであり、今回が初めてではない。そんなこと言われなくてもわかっている、言う必要もない、という指摘が聞こえてきそうだ。

それでも、わが国の政府は、新しい技術を正当に評価し、そのために率先して取り組むことが下手《へた》だ。この背景には、ひとまず海外の動向を見てからでよいという現状維持バイアスが強く影響している。

冷静に考えてみよう。たとえばTPP（環太平洋戦略的経済連携協定）を米国とわが国が中心となって進めていたことに対して、国内では農業分野の雇用が失われるとか、国内に海外の企業が進出し競争が激化するといった、悲観論が多かった。だからTPPに反対だという声が強かったように思う。

しかし、2016年11月の米国大統領選挙で予想外の結果としてドナルド・トランプ大統領が誕生し、米国はTPPからの離脱を正式に決めた。これを受けて、各取り組みの発効に日米の合意が欠かせなかったTPPの枠組みは崩壊したと言ってよい。米国抜きでTPPに代わる多国間の連携を模索していくしかないのが現状だ。そして、トランプ大統領の誕生を受けて、わが国の中からも、先行きが不安だという声が増えている。

TPPは、グローバル化の推進を重視した多国間の経済連携だった。それを進める意義は、各国間で投資や競争、環境保護などに関する経済全体にかかわるルールを統一することだった。

片や、トランプ大統領はグローバル化の進行に真正面から反対している。保護主義政策や中東地域への強硬姿勢を明確に打ち出し、米国は米国のことだけを考えればよいと強弁を貫いている。それが、わが国の安全保障、企業活動に与える影響はかなり大きい。

そこで、トランプ政権の先行きに不安を感じる人は多い。それでも、今こそ米国抜きのTPPを実現させて、アジア太平洋地域の連携を維持・強化すべきだという世論は高まっていないように思う。その一方、わが国以外のアジア諸国では、ＴＰＰの意義を重視し、新たな経済連携を模索する動きが始まっている。

私たちはこうした矛盾を冷静に考え、何が必要か、何が正しいかを冷静に考えなければならない。そして、それを政治のレベルに押し上げていかなければならない。自分たちの言葉で将来の展開を描き、それを支える技術、コンセプトを具体化していかなければ、他の国の共感を得ることは難しい。仮想通貨を取り巻く競争に、わが国は出遅れている。それだけに、真剣に官民での議論を深めていかないと、国際協調の動きに孤立する恐れがある。これは仮想通貨や分散型台帳技術に限らず、わが国の取り組み全体に当てはまることだ。

政府はプロを登用せよ

そこで重要となるのが、将来的な発展性とイノベーションをもたらす技術を見極《みきわ》め、そのために必要なルールなどを策定していく〝プロ〟を行政実務に招いていくことだろう。大学で講義をしていると、学生から素朴な質問を受ける。それは次のようなものだ。

「アメリカのシリコンバレーでは、多くのスタートアップ企業が生まれ、投資家からの資金提供を受けて研究を重ねている。その多くの企業は、博士課程を修了した学生などが起こしたものが多いと聞く。日本でも、ベンチャー企業の育成が大事だと言われて、かなりの時間がたっている。それでも米国のようにはなっていないのはなぜか」

これは、産業振興に関する思想の違いに起因するところが大きい。米国では、政府が資金を拠出して、スタートアップ企業のサポートを行なうプログラムが整備されている。そのプログラムは、博士号を取得し、アカデミズム分野でも実務の分野でもトップクラスの人材によって採用の可否《かひ》が決められている。このプログラムがあることで、ビジネス実績のない学生や研究者が起こした企業でも、運転資金を確保し、ビジネスという実証研究を進めることが可能になっているのだ。

一方、わが国では官僚主導で産業振興策が取りまとめられてきた。今では、産業革新機構が創設され、民間の実務家を招いた企業再建などが行なわれてはいるが、投資実績などを見ると、いまだ取り組みは発展段階にある。

仮想通貨、ブロックチェーンなどの分散型台帳技術が私たちの暮らしにかなりの影響を与える可能性がある。この技術の応用の可能性を検証することをきっかけに、政府は、行政実務の中に金融、ＩＴのプロを招き、意見を乞《こ》うのではなく、彼らに今後の政策、ルール、法律などの整備を進めてもらうことも必要だろう。

第六章

仮想通貨の近未来像

6・1：〝仮想通貨〟デバイデッド

あるビットコインユーザーの話

2YYY年MM月DD日、2009年から長らく取引されてきたビットコインの発行量が、上限の2100万BTCに達した（理論上は2140年に上限に達すると考えられている）。ビットコインはパブリック型のブロックチェーンに基づいていたため、誰かが能動的に発行量を引き上げることが、ついにかなわなかった。

そして、ビットコインが登場して以降、さまざまな仮想通貨が発明されてきた。こうした通貨は、ビットコインが抱えてきた課題である、管理者がいないことや、発行に制限があるという問題を解決するために考案されてきた。決済などの際も、ビットコインよりも安全かつコストがかからないものが登場してきた。そのため、発行上限が近づくよりもかなり前から、ビットコインでの決済を停止し、その他の仮想通貨を支払いなどに受け入れる企業が増えてきた。

この日、かつてビットコインのヘビーユーザーだったAさんは、家族と食事をし、ためしに、支払いをビットコインで済ませようとしてモバイル端末をレストランのレジ端末にかざした。

「この仮想通貨のご利用は昨年末をもって終了いたしました。他の仮想通貨、あるいは、○○国か▲▲国の銀行券でお支払いください。銀行券を使われる場合、別途、決済の手数料をご負担いただきますことをご了承ください」

「やっぱりか」このメッセージを目にしたAさんは、ビットコインが普通に使えた時代のことを懐かしく回想した。そのほかの仮想通貨を持ってもいるし、銀行券も持っている。それでも、若いころから親しんできたビットコインが使えないことを改めて突き付けられると、一つの時代が終わろうとしていることをひしひしと感じた。Aさんは、その場で別の仮想通貨をチャージし、支払いを済ませて帰路に就いた。

ビットコインは流通し続けるか

このお話は、あくまでも架空の話でしかない。ビットコインの発行上限が今後、どうなるかも、よくはわからない。プルーフ・オブ・ワークのプロセスが改善されることもあるかもしれない。そうした不確定な要素が多い中で、なぜこうしたストーリーを作ってみたかと言うと、ビットコインが仮想通貨だという一方向な発想を解消するためだ。

これまでにも説明したが、仮想通貨はビットコインだけではない。ビットコインは仮想通貨をより実用可能な形で、社会に浸透させる役割を果たした。そして、数ある仮想通貨の中でも時価総額は突出して大きい。それでも、ビットコイン以外の仮想通貨はたくさんある。ビットコインは数ある仮想通貨の一部にすぎない。今後も、より使い勝手のよい仮想通貨を生み出そうとする取り組みが進むだろう。それによって、使える、便利な仮想通貨、使えない、不便、不安な仮想通貨の差別化が進むはずだ。

ビットコインを生み出した人は、既存のお金への考え方に対抗しようとしていたのではないだろうか。たとえば、リーマンショック後の世界経済を振り返ると、米国、欧州、そして日本の中央銀行は、非伝統的な金融政策を推進し、積極的にお金を経済に供給することで経済の回復を支えようとした。米国では量的緩和策（QE）が3度にわたって実施され、国債などの債券を連邦準備理事会（FRB、米国の中央銀行）が買い上げてきた。

そして、わが国では、日銀による国債買い入れの結果、財政悪化が進む中でも政府の予算の膨張が続いてきた。これを受けて、量的・質的金融緩和が財政運営を支えている、マイナス金利が利払いコストを抑えているとの懸念や批判は増えてきた。2016年7月には、政府がヘリコプターマネーを検討しているのではないかとの警戒感も急速に高まった。

ヘリコプターマネーとは、政府がヘリコプターから国民に対してお金をばらまくことを意味する。実際には、政府が国民に現金や商品券を直接給付して国民の心理を好転させ、消費や投資が増えることを狙っている。これが本当に実現すれば、一時的に、デフレ脱却にはかなりの効果がある。そして、中長期的に見ると、ヘリコプターマネーには大きな弊害があると考えられている。

中央銀行による国債の引き受け＝財政ファイナンスを進めると、政府支出に歯止めが効かなくなる。歴史をさかのぼると、政府が通貨の発行権を手に入れると、時の為政者が好き放題にお金を印刷し、モノに対するお金の価値が暴落することがよく起きてきた。

第一次世界大戦後のドイツの教訓

第一次世界大戦に敗れたドイツは、1919年のヴェルサイユ条約の裁定を受けて、巨額の賠償金を支払わなければならなくなった。賠償金の支払い負担は、ドイツ財政を圧迫し、賠償は滞《とどこお》った。この状況に怒ったフランスは、ドイツ経済の心臓部と言われたルール地方を占領し、石炭などの工業資源を手中に収めようと乗り出した。フランスの侵攻を黙って見ていられるはずもなく、ドイツ政府は労働者に対してストライキを呼びかけ賃金の支払いも保証した。

この時、ドイツ政府はライヒスバンク（ドイツ帝国銀行、当時の中央銀行）に国債を引き受けさせて資金を調達し、賃金の支払いに充《あ》てた。こうして経済が低迷する中で中銀が紙幣を乱発した。その結果、ドイツのインフレ率は〝天文学的〟に上昇した。その後、世界恐慌の影響のあおりを受けてドイツでは社会不安が高まり、ナチスへの支持が高まった。ナチスが欧州各国に侵攻し、世界が第二次世界大戦に向かったことは言うまでもない。

　重要なことは、政府と中央銀行が合体して、財政政策と金融政策の境がなくなり同時に侵攻し始めると、政府は民衆の支持などを集めるために、好き勝手にお金をばらまく恐れがあるということだ。このように、財政ファイナンスが進むと、通貨の増刷に歯止めが掛からなくなる可能性がある。この教訓から、主要国では中央銀行の独立性が重視されてきた。わが国では、財政法第5条が〝国債の市中消化の原則〟を定め、国債の日銀引き受けは原則禁止されている。

通貨の発行量を制限すると、お金の価値は安定するか

　こうした歴史を振り返ると、サトシ・ナカモトはお金の発行量に制限をかければ、価値は安定し、政府や中央銀行の政策に振り回されることはなくなると考えたのではないかと思える部分がある。彼がブロックチェーン技術に関する論文をネット上に発表した際、それを示唆する文言が書かれていたと言われている。

しかし、経済活動は常に一定の状態を維持しているわけではない。お金は常に世界中を巡り、期待される収益率の高い資産や企業、国に流れ込むのが常だ。お金の量に制限があると、経済活動にも制約が出始める。そして、お金の量が限られていると、局所的にお金が珍品のように扱われてしまい、異常な価格上昇につながる恐れもある。経済活動が進むにしたがって、お金の量は変化することが好ましい。それをどうコントロールしていくか、管理する機能は欠かせない。

ビットコインは量の制約を設けることでお金の価値を安定させようとした。結果的に、この考えがあるため、ビットコインのマイニングは、発行が進むほどコストがかかるように設計されている。それは、通貨の流通量を制限し、円滑な取引を阻害することにつながるだろう。発行量に制限がかけられていることは、ビットコインの致命的な問題だ。管理者が不在であることも加わり、価値は不安定になりやすい。

ビットコイン登場の意義は、政府や中央銀行の信用がなくても、交換や経済取引は成立するということだ。そして、ビットコインの概念を支えたブロックチェーン技術には管理者がいてもいなくても、自律的な分散、共有、合意がなされるという利点がある。これは、これまでのコンピューターサイエンスでは解決するのが難しいとされてきた。

そうした利点を生かしてMUFGコインなど、さまざまな仮想通貨の研究が進んでいる。こうした取り組みが進むことによって、ビットコインとは異なる、より信頼できる仮想通貨が社会に広がっていく可能性がある。このようにして、ビットコインを起爆剤として、既存の通貨システムには大きな変革が起きようとしている。

6・2：街角から銀行が消える

金融はお金を融通することか？

経済学や金融論の教科書に目を通したことのある人なら、〝金融とは、お金を融通しあうことである〟という定義を目にしたことがあるだろう。この定義は、読んで字の通りであり、「なるほど」と納得されがちだ。融通するとは、滞ることがないように、円滑に物事を進めることを言う。この機能をはたしてきた最たるものが銀行だ。

銀行は、お金が余っている人からお金を集める。そして、銀行は、そのお金を、お金を使いたいと思っている人や企業に貸し出す。その時、銀行は、貸し出したお金の対価として利子を受け取る。その利子の一部は銀行にお金を預けている預金者にも利子として渡される。これは銀行の基本的な業務だ。

しかし本当に、金融とはお金を融通することだろうか。それが実態に即した定義と言えるだろうか。

ここで、私たちの日常生活の中でお金がどう使われているかを考えてみよう。たとえばクレジットカードで買い物をすることを思い返してみよう。クレジットカードを使う時、いろいろな理由がある。手持ちのキャッシュ＝現金がないからクレジットカードを使う場合、買い物を行なった（経済取引が成立した）瞬間では、お金は融通されていない。モノやサービスを提供した人、企業は、買い物をした人がお金を払ってくれることを信用している。同時に、買い物をした人も、一定期間後に、所定の口座で決済に応じることを了承している。

このように考えると、お金を融通することが金融だと定義するのは、現実に即していない。そこで、より実態に合った定義を考えるべきだろう。あえて言うならば、モノやサービス、投資に関わるお金の取引が円滑に行なわれることだ。その場合、一定の信用力がないと円滑な取引は行なうことができない。銀行も信用力がないと思われる人にはお金を貸してくれない。

銀行にとって代わるビジネスの登場

ビットコインの登場は、この信用に支えられたお金の取引＝金融に大きな変革をもたらした。なぜなら、ブロックチェーンという分散型台帳技術には、特定の管理者が存在せず、ネットワークが、自律的に仮想通貨が発行されるプロセスの正しさ、その正当性を保証しているからだ。決済にかかるコストが低くて済むこと、決済までのサイクルが短くて済む（クレジットカードの場合、決済には1～2カ月かかる）など、さまざまな利点がある。

決済面での仮想通貨のメリットが社会に認知されていくことは、銀行にとって大きな脅威になりかねない。仮想通貨、ブロックチェーンのメリットをビジネスにつなげることができないと、顧客を失う恐れがある。そのため、国内の大手銀行などが独自の仮想通貨を作ることで、その波に乗り遅れないようにしようとしている。スイス大手のUBSのように、決済業務に使われる仮想通貨を作り、コスト低減のメリットを享受しようとする動きも出ている。

価値が安定した仮想通貨をいち早く考案し、実用化できた銀行は、ライバルとの競争をかなり有利に進めることができるだろう。そうした動きが進むと、再編が進むなど、銀行業界の勢力図は大きく変わる可能性がある。この点で、競争に対応できない銀行は、ライバルに飲み込まれていく可能性が高まっている。

また、銀行は、銀行以外の企業とも競争していかなければならない。ペイパルのような企業が自由に法定通貨、仮想通貨の振り込みを受け付けることができるようになれば、銀行を経由して資金を決済する意義は低下する。それを上回るコスト面でのメリット、決済期間の短縮などの利便性を顧客に提供できないと、銀行を使う理由はなくなるだろう。銀行以外の企業が銀行を飲み込む時代になっていることは、冷静に考えるべきだ。

決済以外の業務でも、銀行のビジネスを脅《おびや》かすものが登場し始めている。ソーシャルレンディングは銀行を介することなく、お金を借りたい人と、お金を貸したい人を結びつけることを可能にしている。簡単に言えば、IT空間でお金を余らせている人が、スタートアップ企業や、お金を必要としている人などにお金を貸し出すのである。

お金を借りた企業などが倒産すれば、貸したお金が返ってこないリスクはある。その一方、銀行が貸し出しを行なわなかった企業などが対象となるため、比較的利回りは高い。それでも、通常の融資の際に銀行が行なう審査などにかかるコストよりは、低コストで借りたい人と貸す人を結びつけることができる。まさにP2P、C2Cの資金貸し出しだ。一般的には保証人もいらないとされている。

ソーシャルレンディングのビジネスにおいて、人工知能を用いて効率的に信用力の審査を進めようとする取り組みが、すでに進んでいる。そして、スマートコントラクトなど、ビットコインのブロックチェーンに実装されてきた技術が広範囲に使われ始めれば、より効率的に個人が求める利回り水準の案件にお金を貸し出すことが進むだろう。新興国でのマイクロクレジットにおいても、こうした技術が活用されるチャンスは大きい、と考えられる。決済データを応用して、小口資金の融資チャンスを発掘しようとする動きも進んでいる。

リップルの仕組み

一般的に、債務者から債権者への資金の支払いが完了することで決済は成り立つ。銀行の決済システムは、AさんがBさんから借りたお金をBさんの口座に振り込むことによって成立している。しかし、最近はこうした既成概念にとらわれない決済の方法が実用化されてきた。

それがリップル（Ripple）だ。お金の貸し借りの関係を付け替えて、決済を成立させるシステムである。ビットコインと異なるのは、実際の〝お金〟を動かすのではない。動くのは誰かが、誰かにお金を貸した証＝借用証書だ。

リップルは、決済システム、仮想通貨の両面を併せ持っている。ビットコインでは、コインが発行されるまでに10分かかる。一方、リップルではビットコインのプル

IOU＝借用証書を使った決済

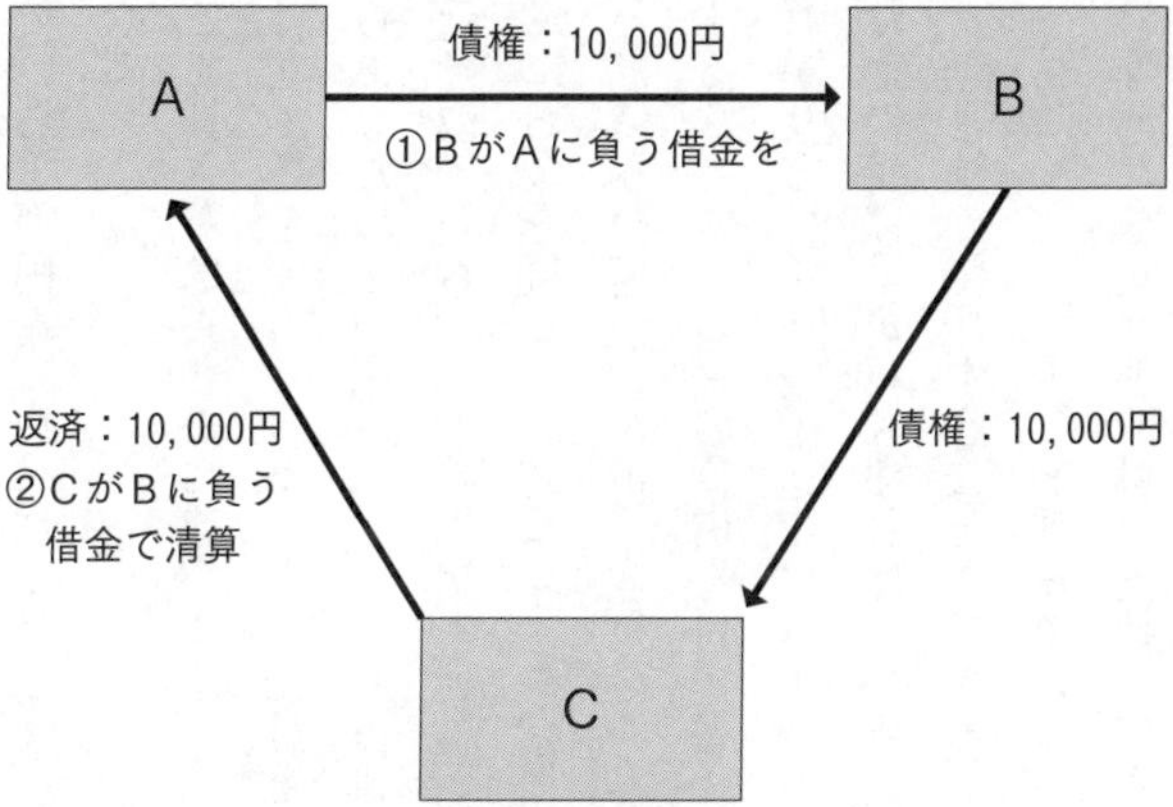

ーフ・オブ・ワークとは異なる方法を採用することで、決済にかかる時間を数秒に短縮した。

リップルの本質を理解するために、以下のようなシチュエーションを想像してみよう。Aさんは知人のBさんと食事に出かけた。2人で飲食した結果、支払額は3万円だった。Bさんは1万円しか持っていなかった。そこでAさんは「一週間後に必ず返してくれよ」と念を押し、彼の代金を立て替えた。この時点で、AさんはBさんに1万円を貸している。

Bさんは友人のCさんに1万円貸していた。そこでBさんは思いつく。「Cさんに貸している1万円を、自分にではなく、直接Aさんに払ってもらえれば、借金は帳消しになる」。

そこでBさんはAさんに連絡する。

「先日立て替えてもらった1万円だけど、実は、友人のC氏に1万円貸していて、C氏からあなたに1万円支払ってもらうように話をつけてある。だからCさんから1万円を受け取ったら、僕からの借金が返済されたと考えてほしい」。これはBさんが、Cさんにお金を貸した証書（Cさんの借用証書（IOU：I Owe You））を、Aさんに渡すことで債務の返済（決済）を行なったことに他ならない。リップルはこのIOUを取引することで、お金の貸借を付け替えて決済を行なう。

これがリップル＝電子送金プロトコルと言われるゆえんである。そして、このIOUはお金の受け手がOKすれば、いろいろな通貨で発行することが可能だ。リップル内の仮想通貨で発行することもできる。それが、XRPと表記される仮想通貨だ。これを一般に〝リップル〟と呼んでいる。XRPはリップル内での価値を図る尺度であり、システムを使う手数料の支払いにも使われる。

リップルのシステムは、お金のやり取りをしているように見える。ただ、実際に行なわれているのは、Aさんが持つBさんへの債権を、CさんがBさんに負う借金（IOU）で支払っているに過ぎない。

ここで銀行の決済システムを思い出そう。国内の決済では、全銀ネットを通して日銀当座預金間での資金の振り替えが決済の場になっている。基本的に、リップルは銀行→全銀ネット→日銀当座での振替のプロセスを集約している。この時点で、銀行が決済にかけていたプロセスの集約化と効率化、短縮化が一度に可能になる。

もちろんリップルの機能に問題がないわけではなく、システム全体の安定性をどう確保していくかという問題もある。それでも、ビットコインをきっかけにして、新しいお金のカタチがどんどん考案されている。それは銀行よりも便利な側面がある。

もちろん、銀行ほどの安心感を得づらいという見方もあるだろう。銀行には規制がかけられているため、他の業態が易々《やすやす》と代替できるものではないことも確かだ。それでも、銀行にとって代わる便利な技術が出現している以上、銀行がいつまでも今日のビジネスモデルを続けられるとは限らない。街角から銀行が消える日は、そう遠くないかもしれない。

6・3：中央銀行の役割が激変する

物価の安定と、金融システムの安定を重視する中央銀行

多くの中央銀行は、物価の安定と金融システムの安定を、金融政策の目標に定めている。なぜなら、お金の価値に対するモノの価値が上昇し始めると、私たちがモノを手に入れる力（購買力）は低下してしまう。これは、お金の価値そのものへの不安心理が高まることを意味する。

そのため、通貨の価値が毀損《きそん》される前に、たとえば金《きん》のような希少価値が高いと考えられる資産を購入し、資産を守ろうとする動きが選択されやすくなる。その際、銀行に預金をするインセンティブは低下するだろう。預金の引き出しが続いた結果、資金繰りに行き詰まり、経営不安が取りざたされる銀行が出てもおかしくはない。

こうしたリスクがあるため、中央銀行は物価の安定と金融システムの安定を重視し

てきた。今日では、物価上昇率は２％程度で安定しているのが望ましいというのがグローバルスタンダードになっている。

今日、物価、厳密に言えば消費者物価指数の前年同月比の上昇率が、２％に到達するのはかなり難しくなっている。先進国の中では、景気の回復に支えられて緩やかな物価上昇率が達成されそうなのは米国くらいだ。そのほかの国、地域では、原油価格の上昇などによる影響はあるものの、自律的に物価が緩やかに上昇するのは期待しづらい。

歯止めがかからない金融緩和

金融緩和策を続けても物価は上昇しづらい。では、中央銀行は金融の緩和策をやめればよいのだろうか。中央銀行が金利を低位に押さえつけることをやめれば、市場の価格発見機能に従って各年限の金利水準が決定されるだろう。それは、その金利水準では効率的に資源を配分して付加価値を得ることが難しい企業を、淘汰《とうた》することにつながるからだ。理論的に考えれば、市場には価格発見機能があり、それが経済の成長と最適な資源の配分を成立させる。この点を重視して、中央銀行は過度な金融緩和をやめて、政策の正常化を進めるべきだと考える専門家もいる。

問題は、金利が上昇する（債券の価格が下落する）と、大きな損を出してしまう金融機関があったり、金利の上昇に耐えられない企業や個人が増えることだ。たとえば、住宅ローン金利が上昇し始めると、家計が消費に回すことのできるお金は減ってしまう。企業の資金繰りにも影響が出るはずだ。資金の調達コストが上昇したり、債務の返済が実施できなくなり、最悪の場合、倒産する企業も増えるだろう。そのため、経済成長への期待が高まりづらい中で金利が上昇し始めると、景気の先行き不安はどうしても高まりやすい。

もし、短期間でかなりの金利上昇が進むと、住宅ローンの支払いそのものさえ困難になってしまう。そうなると、景気が悪化する中で住宅ローンが家計を圧迫し、家を手放さなければならなくなる人が増えることが懸念される。

このように考えると、物価が上昇しづらいからと言って金融緩和をやめることはできないのである。まずは、物価が目標の水準に上昇するまで、中央銀行は金融緩和策を続けるしかない。国債の買い入れには発行残高という限界があるが、それでも中央銀行は、何らかの形で金融緩和を続けざるを得ない。わが国やユーロ圏の中央銀行は、こうした状況に直面している。

仮想通貨＝中央銀行からの逃避

このように考えると、結局のところ、私たちが日常的に使っている法定通貨は中央銀行の影響から逃れることはできない。一方、多くの人々にとっては、欲しいと思うものが、コストをかけることなく手に入れることができることこそが重要なはずだ。

中央銀行に管理されたお金は、決済のために少なからぬコストがかかる。そうした既存のお金への不満や不安があったからこそ、管理されない仮想通貨であるビットコインが生み出されたのではないか。ビットコインの出現は、これまでお金の価値の安定を重視してきた中央銀行への挑戦だ。

仮想通貨が世の中に広がった状況を想像してみよう。銀行、仮想通貨の発行を生業《なりわい》とするスタートアップ企業など、いろいろな企業が仮想通貨を発行したとしよう。すると、人々には法定通貨以外のお金を自由に選んで、目的に合うようにその通貨を使うことが可能になる。決済にかかるコスト、時間の短縮化などのメリットを考えると、法定通貨の流通シェアが低下する可能性は高い。

そうなると、中央銀行は、社会の一部にしか流通していないお金を管理するために金融政策を運営することになる。こうなると、国債を買い入れたり、短期の金利を上げ下げしても、景気を刺激することは容易ではなくなる。このように、仮想通貨が社会に広がっていくと、金融政策の効力は低下する。最終的には、中央銀行は必要ではないという状況が到来するかもしれない。

中央銀行の役割の変化

こうなると、誰が経済全体を通した金融システムの安定を実現していくか、その責任が不明瞭になる。確かなことは、金融システムの安定は中央銀行が中心となって支えていかなければならないことだ。

そうなると、中央銀行が仮想通貨市場に参入することは不可避になる。この時、大きな問題が立ちはだかる。中央銀行がどうやって、仮想通貨を普及させることができるか。その情報をどう扱うべきかという問題だ。

仮想通貨が普及し始めると、中央銀行と銀行の間で決済を行なう方法は必ずしも一般的ではなくなる。仮想通貨を使う人は、個々の発行企業の分散型台帳ネットワークを通して決済を行なうことが増えるだろう。

そうなると、中央銀行は銀行とお金のやり取りを行なうだけでは、お金の供給量（マネタリーベース……中央銀行の当座預金の残高と銀行券発行高、貨幣流通高の合計額）を管理、把握することが難しくなる。それでもお金の総量を把握するためには、個々の仮想通貨発行元の企業などから、通貨の発行状況、保有状況などの情報を中央銀行が入手する必要がある。これは大きな反発を生むだろう。なぜなら、中央銀行自らが仮想通貨を使う個人の情報を入手することになってしまうからだ。

この問題は、中央銀行がどういった経済主体に対して口座を提供していくべきか、との問題にもつながる。仮想通貨を発行するすべての組織や人にまで、中央銀行は口座を提供していくべきなのだろうか。もし、それが実現した場合、金融政策はどう運営できるだろうか。従来に経験したことのない、さまざまな問題が浮上するだろう。

このように、仮想通貨の普及が進むにつれて、金融政策をどう進めるか、中央銀行はどのお金の価値の安定を目指すかなど、広範囲かつ深遠な議論が進む可能性がある。

そして、利便性の観点から言えば、中央銀行が仮想通貨を発行したとしても、それが社会全体に受け入れられていく保証はない。

それは、人々の自由な意思によって判断される。最終的には、決済コストの低さなどを理由に、中央銀行の仮想通貨が社会全体に浸透するのは難しいのではないか。

6・4：金融・経済の大変化

お金の概念が変わる

ビットコインに代表される仮想通貨の登場は、世界中の多くの人々に一つの事実を知らしめたといえる。それは、銀行という一金融機関のビジネスによって、かなりの経済的な取引が支配されてきたことだ。銀行は政府によって保護されてきた存在である。政府（中央銀行）には通貨の発行権があり、銀行が法定通貨による決済のかなりの部分をカバーしている。この制度が続く限り、私たちは自由にお金を選ぶことができない。選ぶにはコストを負担しなければならないのだ。

たとえば、単一通貨ユーロに関しては、加盟する国々から、さまざまな批判が投げかけられている。財政危機に陥ったギリシャは、ユーロに入っているからこそ、自国経済の実力以上の購買力を手に入れることができた。それは、経済を支えていくためには、重要なことだった。タイムマシーンで過去から未来にワープするように、ギリシャはユーロに加盟することで、自力で実現するためには時間のかかる購買力を、比較的短い時間で手に入れることができたわけだ。

それでも、ドイツやＩＭＦから財政の立て直しを迫られるにつれ、ギリシャ国内からは、ユーロ圏に居続けることが自国の経済を圧迫しているという被害者意識が出始めた。２０１５年の春先から夏場にかけて、状況次第ではユーロ圏からギリシャが離脱するというグレグジットが発生するリスクが高まった。このように、法定通貨を使い続ける限り、人々は自分の生活に合った通貨を、好みに応じて選択することができない。使う通貨を変えるには、銀行で外貨を買ったり、海外に移住するなど、いろいろと大変だ。

一方で、仮想通貨が社会に浸透すると、お金の概念は根本から変わる。自分が使いたいお金を自分で選ぶことができる。その仮想通貨が海外でも一般的に使われているのであれば、わざわざ外貨を購入する必要はなくなる。これは大きな変化を、社会にもたらす。

金融市場が変わる

たとえば、わが国の投資家が米国の株式を購入することを考えてみよう。わが国の投資家は円を持っている。国内に投資するのであれば、株を買おうが、債券を買おうが、預金しようが、為替のリスクを考える必要はない。

しかし、米国の株を買うとなると、やっかいだ。米国の株を買うからには、米国の企業のことを調べなければならない。ここまでは国内の株に投資するのと同じだ。その上で、投資家は米ドル／円の為替レートがどう動くかを考えなければならない。そして、為替レートの変化率の背景には、投機、貿易取引、海外直接投資、企業の合併や買収（M&A）など、さまざまな要因がある。

基本的に、短い期間で為替レートがどう動くかを考えることは容易ではない。中長期的には、投資から期待できる収益が高い国と、期待される収益が低い国では、期待収益率が高い国の通貨が、低い国の通貨に対して強くなる可能性がある。しかし、短期の場合、こうした理論の通りに為替相場が動くわけではない。

そこで、多くの投資家は為替のリスク（予想と異なる展開のこと。上がると思っていたものが下がる、あるいは下がると思っていたものが上がる）をなくそうとする。これが〝ヘッジ〟だ。ヘッジをするためには手数料を払わなければならない。これは、2国間の金利の差と銀行の手数料の合計だ。

もし、仮想通貨が世界に広がった場合の影響を考えてみよう。それによって、世界には2つの投資の方法が考えられる。1つ目は仮想通貨を使って日本の投資家が米国の企業に投資する。決済は仮想通貨で行なわれる。円をドルに換える必要はない。もう1つは、従来の通り円をドルに換えて米国の企業に投資する方法だ。もし仮想通貨の価値が安定していれば、為替レートのことは気にする必要がない。

「そんなことありえない」と言われてしまいそうだ。確かに、仮想通貨を使って外国為替のリスクがなくなるというのは、現時点では空想の域を出ない。あくまでも思考実験だ。それでも、欧州の単一通貨であるユーロは、欧州の一部の国の通貨を束ねることで、各国間の為替レートのリスクをなくしてしまった。

これによって、有価証券投資に限らず、為替リスクの管理の負担は劇的に軽減した。かつては出張に行く際も、ドイツ、フランス、イタリアの順に移動する場合には、ドイツマルクをフランスフランに換え、フランスフランをイタリアリラに換えと、国境をまたぐごとに通貨の交換が欠かせなかったのである。

ユーロ失敗の可能性

ここで、仮想通貨とユーロの違いを考えておこう。ユーロは、必ずしも、人々の自由な経済活動を求める動機によって誕生した単一通貨ではない。ユーロは欧州での戦乱の火種《ひだね》になってきたドイツとフランスの資源の取り合いをなくし、欧州全体の政治統一を目指す手段の一つだった。

欧州の恒久的な平和と安定を目指すために、各国は協働して人の自由な移動（シェンゲン協定）を認め、単一市場を整備し、その潜在的な力を引き出すために単一通貨のシステムを作り上げた。それは、人々の自由な意思に基づくものではなく、政治権力に牽引《けんいん》されたものだった。

しかし、政治の連携が常にベストな、理想の形につながるとは限らない。ユーロ圏では単一通貨の創造のために各国の金融政策を統合することには成功した。しかし、財政政策の統合は実現しなかった。

こうして、根本的な経済の非対称性が解消されないままユーロは発足し、世界の金融市場に広がった。その結果、ギリシャやポルトガルなどの南欧諸国の財政危機を防ぎ、それを根本から解決することができないままユーロは使われ続けている。

この状況の中でユーロへの信認を支えているのがＥＣＢの金融政策だ。しかし、それにも限界がある。マイナス金利は大手銀行の収益悪化の原因になった。２０１６年

2月には、ドイツ銀行への信用不安から、世界同時株安が発生した。そして、国債の買い入れには限界がある。歴史的にインフレへの警戒感が強いドイツからは、早期に金融緩和を解除すべきとのプレッシャーもかけられている。ECBの金融政策が限界に直面する時、ユーロの先行き不安も高まりやすい。

それに比べて、ビットコインの登場は人々が自由な意思に基づいて通貨を選ぶことができるメリットを社会に知らしめた。そうした動きが広まり、自然発生的に仮想通貨の利用が国境を越えて広がると、為替リスクのない世界が出来上がる。

そして、ビットコインのようにシステムそのものの頑健性によって信用が支えられているならば、経済の基礎的条件＝ファンダメンタルズは問題にはならないだろう。これはユーロとの大きな違いだ。

こうなると、法定通貨の市場、仮想通貨の市場と世界の金融市場が二分化され、双方の市場で投資家を獲得しようとする金融機関の競争が進む可能性がある。繰り返しになるが、理論上、仮想通貨は政府や中央銀行が存在しなくても取引が成立し、その信用性が保たれる。そのインパクトは今後の資金決済だけでなく、有価証券投資に伴うリスクの考え方に大きな変化をもたらす可能性がある。

DAOが企業経営を変える?

DAO(Decentralized Autonomous Organization)は自律分散型組織とか、単に分散型組織と呼ばれる組織運営システムに関する考え方だ。すでに、このコンセプトを使ったドイツ企業のネットワークに対するハッキング攻撃によって、資金が流出したことは述べた。そのため、DAOとはいまだ未熟なコンセプトだ。

DAOは意思決定を行なう責任者がいないシステムだ。このシステムは、分散型台帳のネットワーク(P2P)上で自律的に投資先を決め、実際に投資(ビジネス)を行なうことを目指していた(ファンドマネージャー不在の組織が、自律的に投資先を決めて資金を運用することをイメージすればよい)。具体的には、スマートコントラクトの技術を使い、どこに投資するかをシステムが賢《かしこ》く自動で決める。これは指揮者がいないオーケストラのようなものだ。

DAOは企業のビジネスモデルを大きく変える可能性を秘めている。一般の企業経

伝統的な企業組織

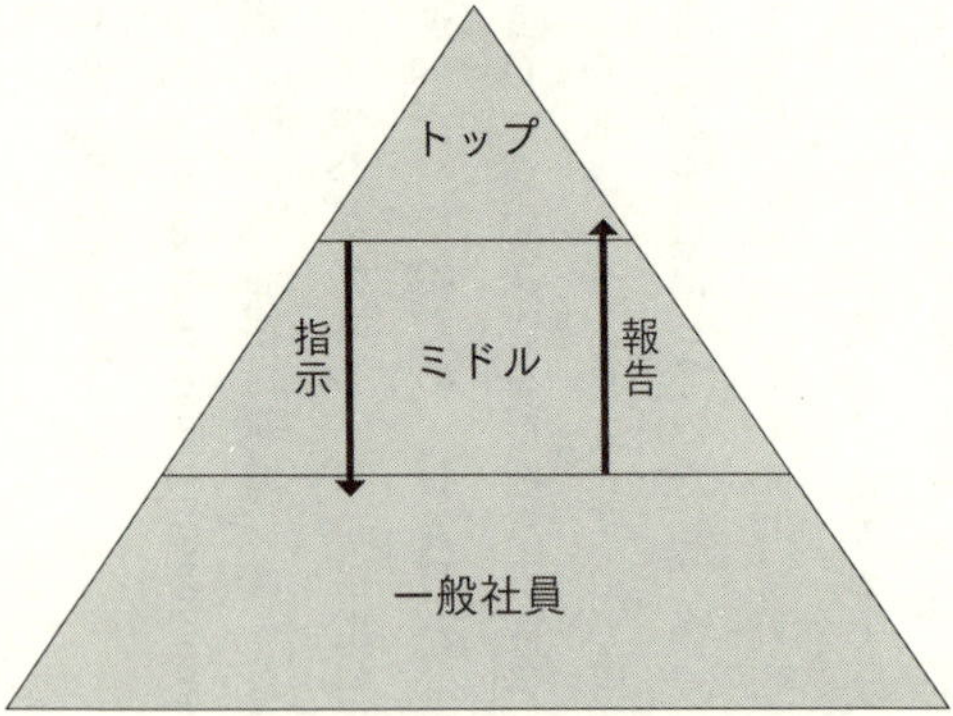

DAO：自律分散型組織

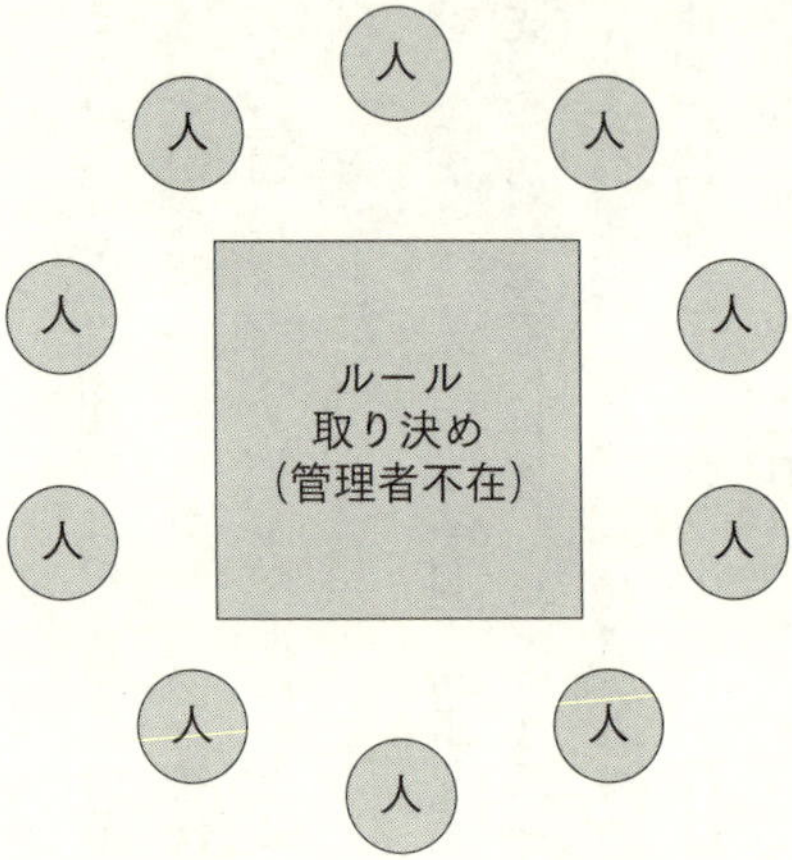

営を想像してみよう。企業には経営者（経営陣）がいる。そして従業員がいる。経営者の指示に従って従業員は働く。こうすることで企業という組織が動く。

ＤＡＯではスマートコントラクトが経営判断を司《つかさど》る。経理や定期的な報告書の作成などの定例業務をＤＡＯに任せることも理論的には可能だ。こうすることで、従業員は専門性の高い分野、人にしかできないことに注力することができる。反対に、ルーティン業務に従事していた人の雇用はなくなってしまうかもしれない。

ビットコインの登場を支えたブロックチェーンの技術を応用していくことで、経営者、あるいはマネージャー不在の組織運営が実現するかもしれない。生産の現場では、工場の管理をＤＡＯが行ない、ＡＩを搭載したロボットが各種生産業務を担当することも可能になる。工場の稼働状況と流通状況をブロックチェーンでつなげば、より効率的な生産、流通が実現するだろう。ブロックチェーンの理論が確立されたことは、社会に大きな変革をもたらす可能性がある。

6・5：私たちは仮想通貨と、どう付き合えばよいか

仮想通貨は、かなり幅の広いコンセプトである

本書では、お金とは何かから始まり、ビットコインの仕組み、なぜそれが社会に受け入れられたかを中心に、新しいお金の考え方が私たちの暮らしにどう影響するかを考えてきた。

ビットコインは仮想通貨やクリプトコイン、暗号通貨などと呼ばれる新しいタイプのお金の始まりにすぎない。そして、ブロックチェーンも分散型台帳と呼ばれる自律的にデータの分散、共有、一致を司るネットワークシステムの一つのタイプでしかない。ブロックチェーンの技術が応用される分野は、通貨だけでなく、流通、生産、サービス、行政、医療、経営管理など多岐にわたる。仮想通貨はお金の使い方だけでなく、私たちの暮らしに大きな影響を与えることはしっかりと認識すべきだ。新しい技術が普及するにつれ、社会にもかなりの変化が起きると考えられる。

この点で、ビットコインの出現は社会に変革をもたらしたと考えるべきだ。何よりも、仮想通貨の出現によって、私たちは自由にお金を選ぶことができるようになる。国内で買い物をしたからと言って、必ずしも円で支払いを行なわなければならないとは限らない。それによって、商業銀行、中央銀行、フィンテック関連のスタートアップ企業など、資金決済や金融サービスを巡る競争は熾烈化するはずだ。

一方、わが国の社会全体の雰囲気として、あまり変化は好まれないようだ。構造改革は失業につながるとか、ロボット産業が失業者を生むといった意見があるように、ことほどさように、新しい動きを警戒し、拒絶しようとすることが多い。しかし、ビットコインの登場によって仮想通貨の利便性が評価されていることは、変えようのない事実だ。便利なもの、優れているものは、知らない間に私たちの生活に浸透していく。

仮想通貨にはいろいろな課題があり、改善されなければならない点があることは確かだ。それでも、その利便性は無視できない。今日、私たちの暮らしは法定通貨を基礎にして、消費や投資、資金の決済が行なわれている。徐々に、こうした〝常識〟が崩れ、新しい取引が行ないやすくなっている。

ブロックチェーン技術の理論が確立されたことは、「ビザンチン将軍問題」というコンピューターサイエンスでは難問とされてきた問題を解決した。その意義は大きい。分散型のネットワークの利用可能性は急速に高まっている。スマートコントラクト、人工知能などの技術を組み合わせていくことで、私たちが行なっていた仕事がコンピューターネットワークに置き換えられるかもしれない。

ブロックチェーンが雇用を奪う？

このように考えると、必ず次のような質問が出始める。

「ブロックチェーンが仕事を奪ってしまうのか。失業が増えるのは困る」

確かに、ルーティン作業などは人工知能に代替されていくだろう。そして、世界的にそうした動きを止めることはできない。金融業界でもＤＡＯのコンセプトがより安定した形で実現すれば、一部のファンドマネージャーは必要とされなくなるだろう。銀行の融資担当者、シンジケートローンの組成に携わる専門家など、かなりの分野でヒトが行なってきた仕事が、ネットワークシステムに置き換えられる可能性がある。

この状況を悲観しても始まらない。そこは発想の転換が必要だ。機械でもできることは、機械に任せてしまえばよい。そのことが、より便利で効率的な社会の整備につながる。そうした恩恵はできるだけ享受しようとしたほうがよいのではないだろうか。そうでなければ、環境の変化に取り残されてしまう。中長期的に考えると、環境の変化に適応できないことのほうが、より大きな問題につながる。

経済学の理論では、経済の成長は、労働の投入量、資本の投入量、そしてイノベーション、この3つの要素にもとづく、とされている。わが国の状況を確認すると、労働の投入量は減る。なぜなら、少子化と高齢化が同時に進行しているからだ。2016年まで10年続けて、出生数は死亡数を下回っている。そのため、労働の投入量は減少傾向をたどる。

移民を受け入れる社会体制が短期間で整備されればよいが、そのためには語学を含め、海外からの労働者がわが国の社会に適応できるプログラムを整備しなければならない。ドイツ、米国、シンガポールなど移民を受け入れて経済成長を達成してきた国の例を踏まえると、わが国の取り組みで移民受け入れ競争に対抗していくには時間がかかる。わが国の社会が、前向きに移民を受け入れることができるかも疑問だ。

そして、国内で確保できる資本も減っていく。高齢化の進展によってリタイアした世代は現役時代の蓄えを取り崩す。高齢化が進むと国内の貯蓄は徐々に減少していくと考えられる。それは、融資に回ることなどを通して、企業の設備投資に使われるお金が減ることを意味する。海外からのお金を引き付けて、国内への投資を呼び込むことができればよいが、そのためには海外投資家が求める規制緩和などを進めていかなければならない。

ブロックチェーン技術の可能性

人口が減少して行く中で経済成長を達成するためには3つ目の要因であるイノベーションが欠かせない。今日、ＩｏＴや人工知能、自動車の自動運転技術など、さまざまな新しい技術が研究されており、その一つ一つがこれまでにはなかったサービス、製品の開発につながる可能性を秘めている。

それら全体を包括的に結び付けるものがブロックチェーン技術だ。ブロックチェーンは個々の革新的な技術を支えるマザーマシーンのような存在ともいえる。ブロックチェーンに代表される分散型ネットワークを使うことで、私たちは、従来に増して〝人にしかできない仕事〟に注力することができる。

この効果は大きい。わが国では労働力の減少によって、日々の暮らしにいろいろな支障が生じるようになってきた。特に保育、介護の分野では人手不足が顕著だ。政府は保育士の給与引き上げによって人材を確保しようとしているが、それが十分だという見方は少ない。そして、保育にしても介護にしても、やはり人と人の触れ合いが欠かせない。

そこで、ブロックチェーンの技術を応用することにより、労働力をより有効に使っていくことが期待される。重要なことは、産業に労働力を縛り付けるのではなく、社会の変化に応じて、需要の高まっている分野に労働力をシフトしていくことだ。

この状況を整備するためには、人がやっていた仕事をシステムが代替できればよい。このようにして労働力の有効活用が進んでいけば、経済の実力＝潜在成長率を引き上げていくことは可能だろう。

製造業の分野でも、生産管理などを分散型ネットワークに置き換えていくことで、基礎研究、デザインやブランドイメージの醸成など、より付加価値の高いものを生み出すことに労働力を投入することが可能になる。

新しい技術の普及には逆らえない

望むと望まざるとにかかわらず、分散型ネットワーク技術などの新しい技術が社会に広がり始めると、私たちの行動様式には大きな変化が出る。これは避けようがない。変化を嫌い、避け続けると、社会全体が〝ジリ貧〟に向かうだろう。そして、新しい技術を使うことで、私たちはより効率的に、コストをかけることなく、経済活動を行なうことができる。これは、重要なメリットだ。

ビットコインの登場を受けて大手銀行などの金融機関がこぞって仮想通貨の導入、ブロックチェーン技術の応用に注力しているのは、その技術が今後の競争に無視できない影響を与えるからだ。その取り組みは、稀《まれ》に見る勢いがある。

リーマンショック後の金融業界を見渡すと、金融規制の強化によって事業を拡大するよりも、人員を削減し、新しい投資を抑えようとすることが目立ってきた。その状況の中でブロックチェーン技術の有用性が認識されてきたことについてはよく考える必要がある。そこには、金融機関がコストカットと新規事業の育成を同時に進め、今以上に収益性を引き上げることができるとの期待がある。そして、金融業界以外の企業までもが仮想通貨取引などに参画してきただけに、競争は今後も熾烈《しれつ》さを極めるだろう。ビットコインの登場とブロックチェーン技術の確立は、秒進分歩で新しい技術、サービスが生み出され、競争が進む状況をもたらす。給料を仮想通貨で受け取ったり、銀行を使わずに送金を行なうことがスタンダードになる日は近づいている。

そして、新しい技術が社会に広がることで、私たちの想像力は一段と広がりと豊かさを持つようになる。今後は、新しい技術の普及を心配するのではなく、その可能性にイメージを巡らせ、ビジネスチャンスを見つけていくことが大切だ。

真壁昭夫　まかべ・あきお

1953年、神奈川県生まれ。一橋大学商学部卒業後、第一勧業銀行（現みずほ銀行）入行。ロンドン大学経営学部大学院（修士）卒業、メリルリンチ・ニューヨーク本社へ出向。帰国後、第一勧銀総合研究所金融市場調査部長、内閣府経済動向分析チームメンバー、第一勧銀総研やみずほ総研の主席研究員を経て、03年から信州大学大学院イノベーション・マネジメント・センター特任教授。05年から信州大学経済学部教授。『最新　行動経済学入門』（朝日新書）、『AIIBの正体』（祥伝社新書）などがある。

仮《か》想《そう》通《つう》貨《か》で銀行《ぎんこう》が消《き》える日《ひ》

真壁昭夫《まかべあきお》

2017年４月10日　初版第１刷発行

発行者……………辻 浩明
発行所……………祥伝社《しょうでんしゃ》
〒101-8701　東京都千代田区神田神保町3-3
電話　03(3265)2081(販売部)
電話　03(3265)2310(編集部)
電話　03(3265)3622(業務部)
ホームページ　http://www.shodensha.co.jp/

装丁者……………盛川和洋
印刷所……………萩原印刷
製本所……………ナショナル製本

Printed in Japan　ISBN978-4-396-11503-6　C0233

〈祥伝社新書〉
経済を知る

203
ヒトラーとケインズ　いかに大恐慌を克服するか
ヒトラーはケインズ理論を実行し、経済を復興させた。そのメカニズムを検証する
ノンフィクション作家　武田知弘

343
なぜ、バブルは繰《く》り返されるか？
バブル形成と崩壊のメカニズムを経済予測の専門家がわかりやすく解説
久留米大学教授　塚崎公義

394
ロボット革命　なぜグーグルとアマゾンが投資するのか
人間の仕事はロボットに奪われるのか？　現場から見える未来の姿
大阪工業大学教授　本田幸夫

477
民泊ビジネス
インバウンド激増によりブームとなった民泊は、日本経済の救世主か？
不動産コンサルタント　牧野知弘

478
新富裕層の研究　日本経済を変える新たな仕組み
新富裕層はどのようにして生まれ、富《とみ》のルールはどう変わったのか？
経済評論家　加谷《かや》珪《けい》一《いち》